Peter Henkel / Johanna Henkel-Waidhofer

Winfried Kretschmann

Peter Henkel
Johanna Henkel-Waidhofer

Winfried Kretschmann

Das Porträt

HERDER

FREIBURG · BASEL · WIEN

© Verlag Herder GmbH, Freiburg im Breisgau 2011
Alle Rechte vorbehalten
www.herder.de

Satz: Barbara Herrmann, Freiburg
Herstellung: fgb · freiburger graphische betriebe
www.fgb.de

Gedruckt auf umweltfreundlichem, chlorfrei gebleichtem Papier
Printed in Germany

ISBN 978-3-451-33255-5

Inhalt

1 Prolog

AUCH DAS IST Globalisierung: Als am Freitag, dem 11. März 2011, gegen 16 Uhr Ortszeit ein Tsunami auf die Atommeiler von Fukushima prallt, ist damit rund zehntausend Kilometer entfernt, in Europa, das Schicksal einer Regierung besiegelt. Während dieses Buch geschrieben wird, in den Wochen eines meist frühsommerlichen April, vergeht kaum ein Tag ohne Hiobsbotschaften aus Fernost. Als wäre nicht schrecklich genug, dass die Monsterwelle eines Seebebens 30 000 Menschenleben hingerafft hat, beunruhigt und ängstigt Unzählige in Japan und auf der ganzen Welt die Erfahrung, dass sich in der ruinierten Atomfabrik eine anhaltende nukleare Katastrophe mit noch unabsehbaren Folgen abspielt.

16 Tage nach der Monsterwelle wälzen ihre Fernwirkungen die politische Landschaft in Deutschland um. Wohl nirgendwo sonst auf der Welt sind die Menschen so kritisch gegenüber der Atomkraft eingestellt wie hier, und das seit Langem. Und eben wegen Japan erringt an diesem März-Sonntag – erstmals in der Geschichte – jene Partei, in deren Gründungsurkunde das Nein zur Atomkraft ganz oben steht, bei einer Wahl so viele Stimmen, dass sie den Regierungschef stellen kann: Winfried Kretschmann. Der 62-Jährige ist ein Politiker der ziemlich anderen Art, einer, der Gegengift sein könnte für die grassierende Politikerverachtung. Ein knorriger ka-

tholischer Ex-Kommunist vom Land, ein (wert-)konser-
vativer Super-Realo, der irrte, als er vor Jahr und Tag
sich scherzhaft einen Moses nannte, der die Seinen
zwar noch ins gelobte Land, sprich: zur Regierung führen, selbst aber daran nicht mehr teilhaben werde.

Die Nummer eins wird er nicht irgendwo, nicht in Kräh-
winkel, sondern in Baden-Württemberg, einer der pros-
perierendsten Regionen des Kontinents: mit fast elf
Millionen Einwohnern das drittgrößte Land der Bundesrepublik, gesegnet mit landschaftlichen Schönheiten, gesunden Firmen und dem bundesweit höchsten Prozent-
satz zufriedener Menschen; und, nicht zu vergessen: mit
vier Atomreaktoren.

Seit fast sechs Jahrzehnten wurde das Land zwischen
Main und Bodensee, zwischen Rhein und Alb ununter-
brochen regiert von ein und derselben Partei. Und von
kleinen und großen Funktionsträgern ebenso wie von
Normalbürgern begriffen als Erbhof der CDU. Das
schwarze Land, das an diesem Sonntag so mächtig er-
grünt, gilt so sehr als Hort von Stabilität und Kontinui-
tät, dass es im Rest der Republik im Ruch steht, ein wenig langweilig zu sein, bieder und provinziell. Dass
etwas nicht stimmt mit dem Klischee, war in den Monaten zuvor offenkundig geworden: Da hatte sich die Welt
die Augen gerieben, weil ausgerechnet hier Zehntausende den Aufstand probten. Als die Idee „Stuttgart 21" kon-
kret wurde und die Bagger anrollten, wollte ihnen end-
gültig nicht mehr in den Kopf, dass Milliarden für
einen unterirdischen Bahnhof verbuddelt werden sollten. Je heftiger der Aufruhr wurde, umso höher schossen

die Umfragewerte für die Grünen. Nach einer Schlichtung, die noch Schule machen wird hierzulande, fielen sie wieder. Mit der CDU ging es entsprechend bergauf. Noch Stunden vor Fukushima hätte ihr Ministerpräsident Stefan Mappus eine Wette abschließen können, seine Partei werde zusammen mit der FDP an der Macht bleiben.

Er hätte sie verloren. Sein Nachfolger in der Villa Reitzenstein hoch über Stuttgart wird ein grüner Marathonmann, von dem jenseits seiner Partei und der Grenzen des früher oft so genannten Musterländles erst Notiz genommen wurde, als das Unerhörte möglich zu werden schien: dass unter Angela Merkel die schwarze Hochburg abtrünnig wird. 31 Jahre zuvor, im März 1980, hatte Kretschmann zu jenen sechs Grünen gehört, die als erste Volksvertreter der neuen Partei ins Parlament eines Flächenstaats einzogen. Da schließt sich ein Kreis: Gleich zum Auftakt seines neuen Lebensabschnitts fehlt Kretschmann im Hohen Hause. Während dort Lothar Späth vereidigt wird als Regierungschef, ist Kretschmann im fernen Emsland, in Gorleben: Dort oben zu protestieren sei wichtiger, als im Parlament zu hocken.

Viel später wird er sagen, das habe damals zur Liturgie gehört. Die Wortwahl zeigt, dass da einer bei allen pragmatischen Visionen von einer zu verändernden und zu verbessernden Welt im Kern längst seinen Frieden mit ihr gemacht hat. Eine grundsätzliche Kritik am System ist von ihm noch weniger zu hören als von anderen heutigen Grünen. Was man den Magnetismus der Mitte nennen könnte, hat längst auch bei ihm obsiegt: Auch bei ihm, dem wegen seiner Geradlinigkeit Gerühmten, haben sich Perspektiven und Prioritäten verschoben. Sanftes ökologisches Umsteuern ist Kretschmanns Ziel, weder Wirtschaft noch Bürger sollen dabei überfordert werden, Staat, Zivilgesellschaft und Ökonomie stellt er sich als in einem aufgeklärten, zivilen Miteinander verbunden vor, das das alte Links-rechts-Schema hinter sich lässt und dem christlichen Auftrag folgt, die Schöpfung zu bewahren.

Zu Recht verwahrt er sich gegen eine Geschichtsbetrachtung, die die fast 25 Prozent dieses Wahlsonntags relativieren, also abwerten will als Geschenk eines in Japan furchtbaren und für die deutschen Grünen gnädigen Zufalls. Schließlich hat die ganze Partei im Laufe der Jahre so manche Position des Anfangs geräumt, zum Beispiel basisdemokratische Utopien und die Illusion eines Pazifismus um jeden Preis. Beim Nein zur Atomkraft hingegen ist sie eisern geblieben – und eben das hat ihr eine schockierte Wählerschaft gutgeschrieben.

Was Winfried Kretschmann macht, das macht er mit gehörigem Elan. Auch deshalb gibt es nun kein Wenn und Aber: Die Ironie der Geschichte will, dass ausgerechnet er, der so heftig und schon so lange mit Schwarz-Grün liebäugelte, mit Nils Schmids SPD regieren soll. Über viele Jahre hatte sich bei ihr vornehmlich Futterneid gegenüber den Grünen geregt, stille und manchmal offen herausbrechende Wut auf Leute, die doch irgendwie Fleisch waren aus eigenem Fleisch, was allenfalls die halbe Wahrheit war. Und sich nun undankbar genug zeigten, in sozialdemokratischen Prozentgefilden zu wildern. Das war gestern. Heute und morgen müssen die beiden ungleichen Partner zeigen, dass sie zusammen Regierung können.

Herumgesprochen hat sich, dass Kretschmann das Gegenteil eines Bürgerschrecks ist: als durch und durch frommer Christ Mitglied im Zentralkomitee der deutschen Katholiken und in seinem Heimatdorf Laiz bei Sigmaringen im Kirchenchor, aktiv in der örtlichen Narrenzunft und vor Jahr und Tag Schützenkönig durch Erlegen eines hölzernen Adlers. Vorschnell urteilende Zeitgenossen, die ihn nur aus dem Fernsehen kennen und sich täuschen lassen von seinem Auftreten, halten ihn gern für behäbig. Wer ihn besser kennt, weiß, wie es ist, wenn sich Kretschmann in Rage redet und das vulkanische Temperament eines oberschwäbischen Charismatikers an den Tag legt.

Fruchtbarer Nährboden also für anheimelnde Klischees. Über einen Mann, der tatsächlich viel mehr zu bieten hat und anderes als das, was der erste Anschein nahelegt. Zum Beispiel eine Biographie voller Kämpfe, mit Sieg, Frust und Niederlagen, und immense politische Erfahrung. Eine Fülle von Ein- und Ansichten, die philosophisch bewusst konservativ grundiert sind und einigermaßen untypisch für Berufspolitiker. Eine Abneigung gegen Eitelkeiten und Aktionismus, gegen Glamour und Karrieredenken, die er nicht vor sich herträgt, sondern mit einer Selbstverständlichkeit auslebt, die beinahe naiv wirkt und weltfremd. Die Spannbreite eines Denkens, das in Hannah Arendts Werk so zuhause ist wie auf dem verminten und weitläufigen Themenfeld einer Föderalismuskommission, in der er Nachhaltigkeit durchzusetzen half mit Fahrplänen zum Schuldenabbau.

Immerzu geht es bei diesem Altökologen um Werte und Prinzipien, um wichtige Stilfragen, um innovatives Wirtschaften und eine moderne Zivilgesellschaft. Aber es geht ihm auch um einen Pragmatismus, der die Kirche im Dorf lässt. Und schließlich: Sagen, was man meint, meinen, was man sagt – bei Kretsch, wie seine Freunde ihn nennen, ist das weit mehr als nur ein guter Vorsatz. Der kluge Kopf hat also auch noch Charakter. Der Mann ist weit davon entfernt, unfehlbar zu sein, und sein Blick auf die Welt ist vielleicht längst zu freundlich geworden, zu verbürgerlicht, nicht mehr kritisch und nüchtern genug. Aber er ist immer authentisch, immer bei sich. Verbiegen geht nicht, redlich geht vor. Von einem Parteifreund aus der Riege der Stuttgarter Bürgermeister stammt der schöne Merksatz: „Winfried Kretschmann ist der anständigste Mensch, der je in Deutschland Regierungschef wurde."

So einer kommt nun also nach ziemlich weit oben. Ein Experiment. Der Ausgang ist offen. Dass es stattfinden kann, ist kein schlechtes Zeichen für das Land.

2 Mensch Kretsch
Private Sphäre und öffentliches Interesse

ES IST KEIN Märchen, aber es war einmal. Im Oktober 1983 lädt Lothar Späth als Präsident des Bundesrats die Ministerpräsidentenkollegen zum festlichen Empfang. Nicht irgendwohin, sondern ins Residenzschloss Ludwigsburg. Die Kristallluster strahlen, die Gäste auch. Alle kommen: Franz Josef Strauß aus München, Johannes Rau aus Düsseldorf, Bernhard Vogel aus Mainz, Richard von Weizsäcker aus Berlin. Und die Kretschmanns aus Leinfelden-Echterdingen. Winfried Kretschmann ist Sprecher der Grünen-Gruppe im Landtag und ohne Berührungsängste. Auf Einladungen des Landes, das war damals und noch lange so üblich in Baden-Württemberg, steht nur die Kleiderordnung für Männer. Gerlinde macht's dennoch richtig: schicker Rock und passendes Oberteil. Nach dem Essen kommen die beiden Musikliebhaber auf ihre Kosten: Im Schlosstheater dirigiert Wolfgang Gönnenwein Mozart, den Carl Eugen von Württemberg anno 1756 zwei Tage in Ludwigsburg hatte warten lassen: nicht wichtig genug. Was für ein Irrtum.

Noch ein Irrtum: Späth, der Baden-Württemberg in Wirtschaft und Kunst, Forschung und Wissenschaft an die Spitze aller Bundesländer zu führen gedachte, hatte ein Monatsgehalt darauf verwettet, er werde mit grüner Politik die Grünen wieder aus dem Landtag verschwinden lassen. Dass der oft als „Cleverle" Beschriebene wirklich verstanden hatte, was in und hinter der neuen Partei steckte, darf bezweifelt werden. Immerhin, er begegnete den Neuen wesentlich entspannter als andere in der Union. In seiner Tischrede erwähnte er Kretschmanns Anwesenheit, als Beleg für die eigene Weltoffenheit, sozusagen.

Auf dem gesellschaftlichen Parkett machte es der damals 35-jährige Kretschmann seiner Umgebung leichter als viele andere Grüne in jenen Jahren: keine Turnschuhe, keine Latzhose, keine langen Haare, kein Schmuddelbart. Stattdessen Anzug, Seitenscheitel, ein Brillengestell, wie es heute wieder modern ist, angemessenes Benehmen. Im doppelten Sinne: Der Typ, der durch provokante, plakative Aktionen auf sich aufmerksam machen muss, war er nie. Er ist groß, sein Bass trägt, die Hände sprechen mit. Und er gehört zu der Sorte Menschen vom Land, die in der Stadt nicht fremdeln. Es gibt Bauern, die sich abseits ihrer Scholle, und Förster, die sich fern vom Wald unwohl fühlen, erst recht, wenn sie bemerken, dass ihre Unsicherheit bemerkt wird. Winfried und Gerlinde Kretschmann sind gelassen, selbstbewusst, trittsicher. „Echt eben", sagt Elmar Braun, grüner Bürgermeister im oberschwäbischen Maselheim, der sie seit Jahrzehnten kennt.

Am Wahlabend ist Gerlinde Kretschmann dennoch nervös. Die beiden Söhne sind mitgekommen nach Stuttgart. Nein, muss sie immer und immer erklären, die schlanke, große Blondine ist nicht die Tochter, sondern die Freundin des einen. Sie mag sich auch noch nicht entspannen, als Journalisten schon vor Schließung der Wahllokale – wie seit Jahren üblich – aus den Berliner Parteizentralen Wind bekommen vom Trend. „Das Land

14

wird auf jeden Fall grün", sagt sie und lächelt ganz vorsichtig. Bald wird das Lächeln strahlender und der Satz lauter. Ganz laut ein paar Stunden später, denn der Lärm auf der Wahlparty der Grünen, auf der sich die Familie Kretschmann feiern lässt, gemeinsam mit Nils Schmid und seiner Frau Tülay, ist ohrenbetäubend. Der Sieger streckt beide Arme nach oben – „Diese Pose muss er noch üben", wird eine Zeitung anderntags titeln – und ist schnell wieder weg.

„Ich bin nicht aufgeregt, aber ich habe Respekt vor dem Amt", hatte der Kandidat Kretschmann Wochen zuvor einem Kinderreporter vom SWR ins Mikrophon gesagt. Selbst der aufgeweckte Knirps, der Persönliches, Halbprivates oder gar Privates herausbekommen will, kommt nicht weit. Die Antworten bleiben hölzern. Das hat nicht zuletzt damit zu tun, dass Kretschmann eine gesunde Distanz zur Mediengesellschaft pflegt. Den Fehler, den andere Politiker so gern machen, die Journalistenschar je nach eigenem Bedarf zu nutzen oder über sie zu lamentieren, wird er nicht begehen. „Wenn ich ehrlich bin, befremdet es mich, dass ich so wichtig geworden bin", sagt er. Er mache mit Leidenschaft Politik, die Lebensweise des Politikers missfalle ihm allerdings. Und dann fügt er noch etwas hinzu, was andere niemals zugeben würden: Dass er einer ist, „der sich in der zweiten Reihe immer wohlgefühlt hat".

Beide, Winfried und Gerlinde, sind auch deshalb so viele Jahre gut gefahren, weil sie ein Maß im Umgang mit Medien halten, das aus einer früheren Zeit zu stammen scheint. 2006, in seinem ersten Wahlkampf als Spitzenkandidat, will der Privatsender „Antenne 1" Politikerinnen und Politikern Jugendsünden entlocken. Die Sozialdemokratin Ute Vogt gesteht in einem dümmlichen Lügendetektorspiel, schon einmal einen Orgasmus vorgetäuscht zu haben – die Häme von christlichen Demokraten ist ihr auch noch nach Jahren sicher. Winfried Kretschmann beichtet, einmal in der Schulzeit an Fasnacht entschieden zu viel Bier getrunken zu haben. Langweilig ist das, im Vergleich allemal, nicht schlagzeilenträchtig, aber auch nichts, was nachträglich zurechtgerückt, relativiert oder auch nur erklärt werden müsste.

Wer durchdacht mit der eigenen Privat- und erst recht der eigenen Intimsphäre umgeht, kann auch bestehen in Zeiten, in denen ein Minister mit seiner Gattin in ein Kriegsgebiet fliegt. Die Zeitung mit den ganz großen Buchstaben schickt wenige Tage nach dem Wahlsieg zwei Reporter nach Laiz. Nach der vierten von sechs steinernen Stufen, die hinauf zum Eingang des Wohnhauses führen, ist Endstation. Dort lässt sich die Hausherrin fotografieren. Dass ihr Winfried passionierter Heimwerker und Gärtner ist, gibt sie in mehreren Interviews preis – nicht weniger und nicht mehr, und schon gar keine anderen Sachen. Einmal macht sie eine Ausnahme, eine Journalistin der „Stuttgarter Zeitung" darf in die gute Stube, und auf die Bank, die der künftige Regierungschef geschreinert hat. Und einem bunten Magazin verrät Gerlinde Kretschmann, dass sie sich ein paar neue Kleider kaufen möchte.

Keine Details über die häusliche Zweisamkeit, die Kinder, das Leben der Tochter im fernen Schottland. Sie würde keine Blumenzwiebel in die Erde im Garten hinter dem Haus pflanzen für ein doppelseitiges Hochglanzfoto, sie würde auch kein besonders gut gelungenes Tischler-Stück ihres Mannes herzeigen. „Meine Frau hat da ein feines Gespür", sagt der Ministerpräsident. Diese Zurückhaltung wollen beide hegen und pflegen: „Ich will nicht, dass ich so wichtig bin." Ob das so bleiben wird? Ob das so bleiben kann? Ob sein für die Außenwirkung zuständiges Umfeld nicht drängen und schieben wird, wenn die Umfragedaten sinken, es beim Regieren klemmt und nach den Regeln des Boulevards eine Homestory die Stimmung heben könnte? Auch Erwin Teufel hatte sich lange gewehrt, irgendwann wurde dann doch Privates ausgeplaudert. Einmal hat seine Edeltraud eine Torte aufgetischt, ein Geschenk vom örtlichen Konditor – im heißen Licht der Scheinwerfer rannen Prinzipien und Crème davon, und der Turner aus Zuckerguss fiel beziehungsreich vom Reck.

Parallelen zwischen Teufel und Kretschmann werden oft gezogen. Auch ihre Frauen ähneln sich. Zur einen, der des Älteren, hätte es gut gepasst, „First Lady" sogleich mit „Landesmutter" zu übersetzen, „keine Dame" sein zu wollen oder Vorfreude auf den nächsten Landespresseball zu äußern. Ein öffentliches Ereignis, wo es nichts zu verheimlichen, aber manches zu zeigen gilt. Nein, Hinterwäldler sind Gerlinde und Winfried auch modisch nicht. Im türkis-farbenen Kleid mit Jäckchen trat sie 2010, noch als Frau des Grünen-Fraktionschefs, bei der traditionsreichen Veranstaltung in der Stuttgarter Liederhalle auf. Und seine Krawatte war farblich genau abgestimmt.

Oft hat Edeltraud Teufel erzählt, wie sie daheim in Spaichingen den gemeinsamen Freundeskreis pflegt, damit sich die Freunde auch als Freunde fühlen, wenn der zwangsläufig entrückte Regierungschef auftritt. Und vor allem, um ihm das Gefühl zu ersparen, Fremdkörper zu sein. Gerlinde denkt dennoch bald nach dem Wahlsieg laut darüber nach, ob sie nicht zusammen in die Dienstvilla auf die Stuttgarter Solitude ziehen sollen. Nicht der Villa wegen, sondern um ihm die lange Heimfahrt nach Laiz zu ersparen. Dabei ist sie dort aufgewachsen, jede und jeden kennt sie, sie betritt die Kirche durch die Sakristei, ihr Wohnhaus mit dem Lamm über dem Eingang war früher das Wirtshaus, das die Großmutter führte. 15 Jahre hat sie im Gemeinderat gesessen, als einzige Grüne, übrigens mit SPD-Nähe. Sie ist rührig, hilft da und dort, organisiert Vorträge und ist eigentlich aus Sigmaringen nicht wegzudenken. Erwogen wird der Wegzug dennoch. Alle Details der Überlegungen bleiben privat.

Auch Kretschmann hat ein Gespür für Eindringlinge und Eindringendes, eine natürliche Abwehrreaktion, wenn nach Dingen gefragt wird, die Fragende nichts angehen. Immerhin, er enthüllt: Sein liebstes Heimwerker-Werkzeug ist die Stichsäge: „Weil man fast alles damit machen kann, wenn auch nicht sehr präzise." Die Vielseitigkeit sei phänomenal. Auf seinem früheren Schreibtisch im Stuttgarter Haus der Abgeordneten, gleich neben dem Haus der Geschichte, lag ein Sheriff-Stern. Ein Sheriff-Stern? „Den hat mir einer geschickt", sagt er, „nach einer Rede." Dann dreht er sich um zur gut bestückten Bücherwand, holt einen Aufsatz hervor, den er einmal geschrieben hat, mit dem Titel „Die Freiheit mit Sinn erfüllen": Darüber lohnt sich zu reden.

Unvorstellbar, dass er mit dem Kamerateam eines Privatsenders durch Sonderbuch zieht, jenen winzigen, ländlich geprägten Ort bei Zwiefalten, in dem er aufwuchs. Die Eltern aus Ostpreußen wurden lange als Flüchtlinge geschnitten. Manche Weggefährten meinen, dass auch daher der Drang zur Identifikation mit der Heimat rührt. Er unterstützt den Alterthumsverein in Riedlingen, aber auch BUND und NABU, er zählt sich zu den Freunden und Förderern der Württembergischen Staatstheater, und dem Laizer Schützenverein trat er schon bei, als die Familie noch in der Hirschstraße in Leinfelden-Echterdingen lebte. Alles persönliche Dinge von der Art, die er gern für sich behält – oder mit ein paar dürren Bemerkungen erledigt. Mal ein Satz zur „wohlbehüteten Kindheit" und dem liberalen katholischen Elternhaus, mal ein Hinweis auf die schrecklichen Jahre im Internat. Mühsam muss er im Gedächtnis graben, um die Studienanfänge in Hohenheim zu sortieren, wann er wo Mitglied wurde, im Kommunistischen Bund Westdeutschlands und in der katholischen Studentenverbindung Carolingia, oder mit wessen Unterstützung er immerhin zum AStA-Vorsitzenden gewählt wurde. Keine Einzelheiten zur schwierigen Episode als Grundsatzabteilungsleiter in Joschka Fischers hessischem Umweltministerium; früher einmal hat er sich entlocken lassen, der Parteifreund sei ein Schinder gewesen und er selbst nach diesen eineinhalb Jahren krank. Das Verhältnis ist heute entspannt und ungezwungen, sagt er – das muss genügen. Keine Einblicke zur Abrundung oder Aufwertung der eigenen Person. Sich planvoll interessant zu machen, ist ihm fremd.

Politiker und -innen haben keinen Anspruch darauf, unerkannt durchs Leben zu gehen, auf einmal nicht Figuren von öffentlichem Interesse sein zu wollen. Caroline von Monaco ist zu verdanken, dass in mehreren Gerichtsurteilen sehr feine Unterschiede festgeschrieben wurden, wonach allerdings auch Prominente mediale Zurückhaltung erwarten dürfen. Zwei Wochen nach dem Wahlsieg ist Kretschmann bei einem VfB-Spiel. Er ist Vereinsmitglied und Anhänger, seit er denken kann. Er erinnert sich, wie er, gerade mal sechs Jahre alt, mit Freunden während der Weltmeisterschaft 1954 Fußball auf der Straße gespielt hat. Später ist die Leidenschaft eingeschlafen, mit der der eigenen Söhne ist sie wieder erwacht. Diesmal ist er nicht wie so oft einfach nur Zuschauer. Emsige Medienberater haben ein Event organisiert: Ein Sozialdemokrat – Nils Schmid – lädt einen anderen – Kurt Beck – ein, und mit Winfried Kretschmann sind sie das Wahlsiegertrio auf der VfB-Tribüne. Entsetzlich sei's gewesen, wird der Grüne zwei Tage nach der 2:4-Niederlage gegen Kaiserslautern erzählen. Nicht nur des Ergebnisses wegen. Der Beck sprang auf und nieder vor Begeisterung, und er, Kretschmann, wurde immer kleiner in seinem Sitz. Natürlich gibt es Bilder davon. Der Fan ist jetzt mehr als nur Fan oder Oppositionspolitiker. „Ich habe gelitten", sagt er. Er wird sich daran gewöhnen müssen. Nicht daran, dass der VfB immer so schlecht spielt. Aber daran, dass seine Auftritte in der Öffentlichkeit anders, schärfer wahrgenommen werden. Am Palmsonntag hat er sich für einige Stunden aus dem Stress der Koalitionsverhandlungen ausgeklinkt. Es zieht ihn in die Natur. Die Muße von früher ist dahin: Irritiert und verwundert zugleich erzählt er von den vielen Wanderern, die sich mit ihm fotografieren lassen wollten.

Schon am Wahlabend kümmerten sich Personenschützer um den Sieger. „Damit kann ich sehr, sehr schwer umgehen", bekennt er. Er weiß, dass in der Kaste der Berufspolitiker mit Spitzenämtern Leibwächter auch als Ausweis der eigenen Bedeutung gelten. Bisher ist er mehr oder weniger unerkannt durch Stuttgart gegangen, auf jeden Fall unbelästigt, inzwischen fällt er auf. „Das ist unsere Stadt", sagt er und genießt jetzt doch ein wenig die Überraschung bei seinen Zuhörern, „meine Stadt, die einzige Großstadt, die ich einigermaßen kenne." Im Studium hat er sie viele Male durchstreift, mehr die Grüngürtel als das Reeperbähnle, jene kurze sündige Meile, die sich die brave Schwabenmetropole gönnt. Mit den Kindern hat die Familie die vielen Schönheiten genossen, die Tier- und Pflanzenwelt in der Wilhelma, den Schlossgarten, den Killesberg, die Weinberge im Neckartal, den Bärensee, die Museen, die Theater. Er setzt sich zurecht in seinem Stuhl, beugt sich nach vorn, spricht über die Stadtgesellschaft, von der nur Unwissende sagen könnten, er kenne sie nicht, und von der Natur, vom Frühling und seiner Farbenpracht.

Oben von der Reitzenstein, jener Villa, in der die zentralen Teile des Staatsministeriums untergebracht sind, ist der Blick auf den Talkessel besonders schön. Und der Garten drumherum erst recht. Günther Oettinger hatte sich am Tag seines Einzugs eine Gärtnerin an ein Gartenbeet bestellt – oder die Medienberater, das ließ sich nie aufklären – und fragte sie, umringt von Reportern, jovial aus. „Ich komme auf Sie zu", versprach er, „und Sie erklären mir den Garten." Es blieb bei der Ankündigung. Kretschmann wird sich seinerseits zügeln müssen, um nicht anderen den Garten zu erklären. Vielleicht kommen wichtige Staatsgäste doch in diesen Genuss. Gärtner Kretschmann ist auch online bei der Arbeit zu sehen, im Wahlkampfspot, in dem er über grüne Produkte redet und im Gegenlicht eine Wiese begießt. Früher wäre das als Personenkult undenkbar gewesen bei Grüns, in der Phase, als sich prominente Parteifreunde noch fast dafür entschuldigen mussten, prominent zu sein. Aber auch heute hat so etwas Seltenheitswert: „Das hab ich nur gemacht, weil es wirklich auf mich gepasst hat."

Noch einmal Herzblut. Die Kretschmanns sind Opernliebhaber. Nicht um sich in den gehobenen Kreisen sehen zu lassen, sondern aus Leidenschaft. Und prinzipiell gewissermaßen. Denn sie wählen nicht aus, sie schauen alle Opern an im Württembergischen Staatstheater. Ohne Ausnahme, und das seit vielen Jahren. „Oper ist die Königin des Mediums Theater", sagt Kretschmann. Und lässt durchblicken, was doch sehr überraschend klingt aus dem Mund eines Mannes, dem das konservative Etikett anklebt wie kaum einem anderen: Ausgerechnet er liebt das Regietheater. Nicht wenige Opernbesucher reagieren bekanntlich oft schockiert oder verstört auf die schrägen Einfällen mit viel nackter Haut oder den Anspielungen auf politisch finstere Zeiten.

22

Nicht so das Ehepaar Kretschmann. Ein Klischee ist zertrümmert. „Das ist für mich der Zugang zur Moderne und zu moderner Kunst", er will nicht nörgeln, sondern sich freuen am Reichtum der Einfälle und Ideen. Etwas Besseres, sagt er, gibt es nicht, als Altes immer wieder neu, anders und mit Phantasie zu inszenieren, er schwärmt von Purcells King Arthur und Wagners Parsifal: „Ich gehe in die Oper mit einem ausschließlich ästhetischen Blick, ich genieße mit wirklich kindlicher Freude die Kreativität der Regisseure." Und die „blasierten Kritiken" in den Zeitungen liest er nachher nicht. Neulich stand die Zauberflöte auf dem Spielplan. Beide haben kurz gezögert, er schätzt, dass sie Mozarts Oper wohl um die zwanzig Mal gesehen haben. Dann sind sie doch hingegangen – „es hat sich richtig gelohnt". Und die Moral von der Geschichte? Der Politiker, der sich als Zuschauer so viel Wissen übers Regietheater angeeignet hat, möchte einiges davon anwenden, „kreativ in den Lauf der Dinge eingreifen". Altes, Wertvolles, Bewährtes transferieren in ein neues, grünes, der Zukunft zugewandtes Baden-Württemberg: „So würde ich gerne Politik machen." So wird er versuchen müssen, Politik zu machen, weil er anders kaum kann.

3 Macht ohne Streben

Die Grünen als die große neue Kraft?

ALS WINFRIED KRETSCHMANN und seine Frau Gerlinde sich an einem Sommertag 2008 auf der „MS Orient Queen" einschiffen, liegen ein paar schöne Tage vor ihnen. Die Mittelmeerkreuzfahrt geht zu bedeutenden Stätten der Antike und der frühen Christenheit: ein ausgeklügeltes Geschenk der grünen Landtagsfraktion zum 60. Geburtstag, das die religiösen Interessen des Chefs mit den Wurzeln seines politischen Denkens in der griechischen Polis zum Urlaubsvergnügen kombiniert. Ein zusätzlicher Clou: Mit an Bord sind der Politpensionär Erwin Teufel und seine Frau Edeltraud. Auf dem Schiff ist Teufel als Vortragsredner engagiert, so zum Thema „Politik aus christlicher Verantwortung".

Einem Joschka Fischer, einer Renate Künast, einem Jürgen Trittin hätten die Grünen wohl keine Freude gemacht mit diesem Arrangement. Kretschmann ist da anders. Ein gediegener Herr ist er mittlerweile, mit tadellosen Manieren, einer ordentlichen Portion Bonhomie und gutbürgerlichem Outfit. Nicht zuletzt deshalb wird er keine drei Jahre später Deutschlands erster grüner Regierungschef. Vor ihm braucht sich niemand zu fürchten, so wenig wie vor dem Bauernsohn Teufel, in dem ganz Deutschland den biederen Landesvater eines nicht viel glamouröseren Bundeslandes gesehen hatte. Zu ihm empfindet und hat Kretschmann durchaus eine gewisse Wahlverwandtschaft. Zwar ist der Jüngere ein ziemlich anderes intellektuelles Kaliber. Aber nicht nur ihre Wohnorte Sigmaringen und Spaichingen liegen nicht sehr weit auseinander. Das Katholische, die ländliche Herkunft, die Dickschädeligkeit, der Hang zum Zitieren von Geistesgrößen – das alles verbindet die beiden.

Und das Konservative. Dafür ist Kretschmann ja berühmt. Die allermeisten Grünen, prominente wie solche an der Basis, würden eine solche Etikettierung weit von sich weisen. Er hingegen umschreibt das Konservative gern als das Pflegen von Werten, „die schon immer durch die Zeiten hindurch galten". Bei anderer Gelegenheit ging er freilich auch schon um einiges weiter: Dass es die Überflussgesellschaft der linksutopischen Weltentwürfe niemals geben wird, dass Utopisten regelmäßig in die Hölle führen statt ins Paradies, dass ökologische Politik ihrer Natur nach konservativ, mindestens aber zukunftsskeptisch zu sein habe und die Grünen in dem Sinne eine konservative Partei werden müssten, dass sie „gegen alles Neue skeptisch und bedenkenträgerisch auftreten und auf Langsamkeit pochen" müssten. Selbst die leicht elitären Untertöne des Kulturpessimisten hat er nicht immer gescheut: „Gehört es nicht zu den grotesken Ironien der Geschichte", schrieb er vor Jahr und Tag, „dass die Könige und Prinzessinnen von heute die Millionenheere plebejischer Leser von Klatsch-Illustrierten und Chips knabbernder Fernsehzuschauer unentwegt und gnadenlos unterhalten müssen?"

Knapp zwei Wochen nach der historischen Landtagswahl im März 2011 reist Thomas Schmid nach Stuttgart, zum

Interview mit seinem alten Freund Winfried. In den Siebzigerjahren war Schmid beim „Revolutionären Kampf" in Frankfurt, der wilden Lebensschule von Joschka Fischer und Daniel Cohn-Bendit. Dann ging er zu den Grünen, heute ist er Herausgeber und Chefredakteur der „Welt"-Gruppe von Axel Cäsar Springers Witwe Friede. Vor dreißig Jahren malochte Schmid eigens an den Werkbänken von Opel, um das Proletariat aufklärend aufzumischen, heute sorgt er sich in neoliberalen Leitartikeln, dass nicht genug Ungleichheit in dieser Gesellschaft besteht, um Leistungsanreize zu bieten und die nötige Dynamik freizusetzen. Damals bei den Grünen hat er zusammen mit Kretschmann die Ökolibertären gegründet, jene Gruppierung, die einige Zeit bestand und einigen Einfluss besaß innerhalb der Realos, unter denen Protagonisten wie Joschka Fischer und Otto Schily, Fritz Kuhn und Hubert Kleinert allerdings mehr machtpolitisch interessiert waren. Die Ökolibertären trieben gern politische Theorie und entwickelten reichlich schwärmerische Konzepte für die selbstbestimmte Entfaltung des Individuums in der Zivilgesellschaft, inklusive jene Staatsferne, die bei Liberalen zum guten Ton gehört. Nicht zuletzt sollten und wollten sie ein Gegengewicht bilden zu den Ökosozialisten in der Partei.

Bei Maultaschen und Apfelschorle erinnert sich Thomas Schmid in dem Interview für seine „Welt am Sonntag": „Wir wollten schon damals eine grüne Partei, die nicht links ist, sondern bürgerlich. Wir hielten schon damals Schwarz-Grün für eine denkbare Option." Kretschmann widerspricht nicht. Im Gegenteil, auch er beklagt „diese linken Anwandlungen" in der Partei, „die dem ökologischen Gedanken fremd sind". Linke Ideen, meint er, könnten die Grünen nicht tragen, und außerdem gebe es dafür ja schon die SPD.

An dem Aprilsonntag, an dem das Interview erscheint, beugen sich in einem Berliner Hotel bei einem schon länger geplanten Treffen der Parteilinken drei Dutzend Grüne, darunter Jürgen Trittin, über die Aussagen des schwäbischen Triumphators. Und sind nicht amüsiert. Es ist eben nicht so, dass der alte Flügelstreit ausgestanden wäre. Zwar ist da diese zahlenstarke, oft schwer kalkulierbare Mitte, die sich aus den einschlägigen Debatten heraushält und mal da- und mal dorthin neigt. Flügel gibt es aber immer noch, nur flattern sie längst nicht mehr so heftig wie ehedem. Was auch daran liegt, dass kaum noch mit der Inbrunst von einst scharfkantige Thesenpapiere produziert werden. Und ohnehin dominiert schon lange ein strömungsübergreifender Pragmatismus, der sich vielfach bewährt hat: viel weniger aufreibende interne Kräche als früher, dafür aber ziemlich viel Erfolg bei Wählerinnen und Wählern. Die Partei, so heißt es im neudeutschen Macherjargon, ist längst so breit aufgestellt, dass ihr eine maßvolle Konturlosigkeit bei Urnengängen ersichtlich nicht schadet, sondern nützt. Die „Generation facebook" und die Schöpfungsbewahrer, NaturfreundInnen und Großprojektgegner, Anhänger der „Mit grünen Produkten schwarze Zahlen schreiben"-Strategie und Menschen, die die gute alte Tante SPD einfach nicht mehr sexy finden – es ist immer noch und wieder ein buntgemischtes Völkchen, das bei den Grünen eine Heimat findet. Die Partei von Claudia Roth hat etwas Kuscheliges bekommen, lässt sich durch nichts die gute Laune verderben. Und zugleich schafft sie es, dass das irgendwie Quere und zugleich irgendwie Clevere nicht verloren geht. Nicht einmal das Töten und das Sterben deutscher Soldaten im Ausland weckt Leidenschaften, fordert unveräußerliche Positionen heraus. Die „Es ist fünf vor zwölf auf dem Planeten"-Attitüde von früher, die Kretschmann und andere einflussreiche Realos immer als nutzloses und deprimierendes Symptom von Alarmismus verworfen hatten, hat sich längst zu einer Einladung gemausert: tea-time für alle, die irgendwie guten Willens sind.

Unterscheidbar bleiben die Strömungen dennoch. Und zwar praktischerweise am einfachsten an so etwas leicht Erkennbarem wie der Antwort auf die Gretchenfrage: Wie hältst du's mit der Koalition? Für die Linke kommt nur die SPD als Partner in Frage. Kommt es aber anders, wie 2008 in Hamburg, ist auch sie längst gelassen und erfolgsorientiert genug, ein Zweckbündnis mit der CDU zu ertragen. Trotzdem freut sie sich klammheimlich, dass es zerschellt, als der Lotse Ole von Beust von Bord geht. Viele dieser Parteilinken würden zudem wohl auf die Frage, ob sie mit den herrschenden politischen und ökonomischen Verhältnissen in der Bundesrepublik so ganz im Reinen sind, entweder herumdrucksen oder sie sogar verneinen. Reste von Systemkritik aus grünen Gründerjahren leben eben immer noch. Realos hingegen werden seit Langem magisch angezogen von der Idee, es mal so richtig mit den Unionsparteien zu versuchen. Sie wollen keine babylonische Gefangenschaft bei einer muffigen, angeblich staatsfixierten SPD. Es reizt sie eine schwarz-grüne Regierung, weil sie so noch weiter als ohnehin schon in bürgerliche Schichten vorstoßen könnten. Und man hätte sich erneut als mutig und modern erwiesen durch das Betreten von Neuland.

Winfried Kretschmann, der Wahlsieger von Baden-Württemberg, zählt notorisch zu Letzteren. Wer wissen will, warum er selber nicht links sein und auch die Partei dort nicht sehen möchte, muss sich durch einen Berg biographischer Stationen graben, durch die Geschichte der Irrungen und Wirrungen bei den Grünen, durch philosophische und gesellschaftspolitische Gedankengänge. Die haben zu tun mit einem Verständnis vom Staat, bei dem Kretschmann sogleich der Begriff vom „Füllhorn" einfällt, das die Menschen beglücken soll und doch nicht kann. Dieser Grüne schreibt lieber Sätze wie diesen: „Denn nur wo Mangel herrscht, kann es Freiheit geben." Da ist es wieder, sein Mantra von den knappen Ressourcen, mit der tröstlichen Übersetzung „Not macht erfinderisch". Sieht der Mann aus Laiz da deutlich genug, dass zwar im Prinzip für alle genug da ist, manche aber entschieden zu kurz kommen? Und sind sie und ihre Kinder dann selbst schuld, oder ist da ein Staat aufgerufen, mit einem etwas anderen Freiheitsbegriff für mehr Freiheit vom Mangel zu sorgen?

So hat der junge Winfried Kretschmann auch einmal gedacht, in seiner radikal-egalitären Phase als Student. Einer seiner Realo-Freunde ist Dieter Salomon, grüner Oberbürgermeister von Freiburg. Nach dessen Ansicht stufen sich auch heute noch 80 Prozent der Mitglieder und ebenso der Wähler der Grünen selbst als eher links ein. Er sich selbst übrigens – die Freiburger werden etwas überrascht sein – bemerkenswerterweise als linksliberal. Und über diesen geerdeten, wertgebundenen, bodenständigen Kretschmann, wie er ihn nennt, sagt Salomon, der sei in einem Land wie Baden-Württemberg als Wahlkämpfer genau das gewesen, „was die Konservativen gern hätten, wenn man heute noch wüsste, was das eigentlich ist".

Wie es dort aussieht, wo Konservative das Sagen haben, zeigen die Kleinstadt Sigmaringen und der Teilort Laiz, in dem die Kretschmanns wohnen. Das wirkt alles so proper, so aufgeräumt, so idyllisch, dass diese so wohl geordnet scheinende Welt sogleich als schier alternativlos empfunden werden muss: die hügelige Landschaft des Donautals, von Hartz IV keine Spur, ebenso wenig von einer klassenbewussten Industriearbeiterschaft. Das atmet alles Maß und Mitte, Kreuzberg und Hafenstraße sind auf einem anderen Stern.

Kretschmann, wie gesagt, war einmal ganz anders als Laiz. Das katholische Internat in Riedlingen erlebt er als Albtraum, als Hort sinnloser Disziplinierung und Verhöhnung des christlichen Liebesgebots. Als langmähniger Abiturient, der für den Jahrgang 1968 die Abschiedsrede am Sigmaringer Gymnasium halten darf, reibt er den Lehrern die Defizite an gelebter Demokratie an dieser Anstalt unter die Nase – dies übrigens schon in jener geschliffenen Diktion, die die Lektüre späterer Kretschmann-Texte oft zum stilistischen Genuss macht und ihm damals eine Auszeichnung der Literarischen Gesellschaft in Karlsruhe einträgt, eine nach dem Dichter Victor von Scheffel benannte Trophäe für Deutsch-Abiturienten; dennoch oder gerade deshalb fühlt sich der Direktor noch an Ort und Stelle zur Widerrede genötigt. Die Bundeswehr in Ingolstadt empfindet Kretschmann als ganz schlimm, als Regiment von Schleifern. Beim folgenden Studium in Stuttgart-Hohenheim gerät er mit seinen inzwischen ausgeprägten anti-autoritären Neigungen folgerichtig in 68er-Kreise. Von dort geht es weiter zu einer Truppe namens „Roter Pfeil" und schließlich zum maoistischen KBW. Zur Auflehnung gegen Unterdrückung und Schikane hatte sich ein radikales Gefühl für Gerechtigkeit gesellt, und der Sturz des Salvador Allende durch CIA und die reaktionären Kräfte um Pinochet bestätigte den Blick auf die Welt.

Mitte der Siebzigerjahre flaute diese Phase ab. Kretschmann machte Examen, Freundin Gerlinde hielt seine politischen Umtriebe von Anfang an für großen Blödsinn und wurde mit der Tochter schwanger. Und Ralf Dahrendorf rammte dem angehenden Pädagogen einen Merksatz ins rebellische Hirn: „Ein Revolutionär in einer nichtrevolutionären Situation gerät leicht in Gefahr, sich lächerlich zu machen." Es folgt der Wechsel in den Schuldienst, der um ein Haar am Einspruch des Kultusministers Mayer-Vorfelder gescheitert wäre – ganz im Sinne des von Willy Brandt verfügten Radikalenerlasses wollte er Kommunisten gleich welchen Strickmusters, also Verfassungsfeinde, nicht im Klassenzimmer sehen.

Ein Teil dessen, was nun kommt, beginnend mit dem Eintritt bei Baden-Württembergs Grünen anno 1979, will nicht so recht zu dem Bild passen, das von vielen Weggefährten unisono entworfen wird, denn das zeichnet einen gedankentiefen und geradlinigen Mann, bei dem auch morgen noch gilt, was er gestern dachte. Die historische Wahrheit ist in diesem Punkt eine etwas andere. Was Kretschmann in drei Jahrzehnten alles über CDU und SPD gesagt hat und darüber, mit wem, wozu und unter welchen Bedingungen die Grünen mit einer dieser beiden Parteien regieren sollten, das macht staunen: schillernd sind diese Äußerungen, vielfältig, widersprüchlich.

Einige wenige Kostproben sollen die lange und kurvenreiche Wanderung nachzeichnen. 1982 wirbt er in einem ausführlichen Aufsatz für ein Bündnis mit der SPD, betont die großen Übereinstimmungen ausgerechnet in der Sozialpolitik und hält ein Bündnis mit der Union für „auf absehbare Zeit kaum möglich". Schon ein Jahr später wird diese Position durch ökolibertäre Überlegungen aufgeweicht, wie Thomas Schmids Interview zeigt. 1986 will Kretschmann gesellschaftliche „Mehrheiten quer zu den überkommenen Lagern" suchen und preist die Mitte als den „Ort, wo man sich am besten bewegen kann". 1992 bekennt er sich zur Koalitionsaussage zugunsten der SPD oder einer „Ampel-Koalition" mit SPD und FDP und fügt hinzu: „Ich bin kein Anhänger von Schwarz-Grün in diesem Land." 1999 findet er es „bitter notwendig, dass es irgendwo zu einer schwarz-grünen Koalition kommt", um ein Jahr darauf in der „Welt" einen Aufsatz darüber zu publizieren, „warum die Republik die CDU braucht". 2002 wiederum bezeichnet Kretschmann schwarz-grüne Spekulationen als „Spielwiese", solange die Union ökologisch derart blind bleibe. „Entspannter debattieren" möchte er das schwarz-grüne Thema aber vier Jahre später, und 2008 meint er, für Baden-Württemberg wäre das von Stefan Mappus torpedierte schwarz-grüne Modell „sicher ein Gewinn gewesen". Als er sich Ärger einhandelt mit der Bemerkung, als einzige Parteien beschäftigten sich CDU und Grüne mit der Gegenwart, da rudert er umgehend zurück: „Wir sind die Antithese zur These CDU. Ob es jemals eine Synthese gibt, wird sich zeigen." Und 2010 sagt er auf die Frage nach einer Koalition mit der SPD: „Ich mag diese Sandkastenspiele nicht." Die Grünen seien offen für alles. Und vier Monate vor der jüngsten Landtagswahl hält er es für „an der Zeit, dass die Schwarzen endlich in der Opposition landen".

Es muss etwas Mächtiges sein, das selbst einen wie Kretschmann auf einen solchen Schlingerkurs zu locken vermag. Wahrscheinlich ist das Mächtige die Macht. Bekanntlich scheuen Politiker dieses Wort wie der Teufel das Weihwasser. Sie ersetzen es gern durch Begriffe wie Gestaltungsmöglichkeit und Verantwortung. Wer aber in die glücklichen Gesichter von Menschen schaut, die soeben zu Partei- oder Regierungschefs gewählt wurden, ahnt, dass dieses Strahlen von etwas anderem kommen muss als aus der Genugtuung, nun endlich mit ganzer Kraft selbstlos dienen zu dürfen. Es hat etwas zu tun mit dem Ego. Der Tag eines solchen Sieges ist ein sauguter Tag für das Selbstwertgefühl.

Wenn einer, dann ist aber Winfried Kretschmann, ohne frei davon zu sein, jedenfalls relativ weit weg von solchen Empfindungen. Schon deshalb, weil er im Erfolg immer auch Gabe und Geschenk von ganz oben zu sehen meint. Außerdem verfolgt er benennbare Ziele, im Gegensatz zu manchen Politikern, die gar keine Idee davon besitzen, was sie mit der hart erkämpften Macht nun eigentlich anfangen sollen. Es sind sehr handfeste darunter wie der ökologische Umbau des Energieversorgers EnBW oder die Anhebung der Grunderwerbsteuern zum Abbremsen der Verschuldung. Ebenso etwas abgehoben wirkende wie der Vorsatz, die Zivilgesellschaft voranzubringen nach Kretschmanns Motto „Demokratie ist eine Form vereinbarter Selbstregierung".

Wie wenig der Opernfreund auf Macht aus ist – dabei geht es doch gerade in der Oper immerzu um die Macht des Schicksals und der Liebe –, das zeigen die Koalitionsverhandlungen. Vielleicht müsste es heißen: Wie wenig er von Macht versteht. Öffentlich spricht der designierte Ministerpräsident von schon gemachten Fehlern, von der Quadratur des Kreises, vor der man steht, von Stolpersteinen. Übliches Politmarketing hört sich anders an. Zudem werden täglich neue Probleme sichtbar: dünne Personaldecken bei den künftigen Koalitionsparteien, Ängste vor Widerstand in den Ministerien, Anzeichen dafür, wie schlecht Grüne und Rote auf diese Regierung vorbereitet sind, obwohl der Sieg seit über einem halben Jahr als immerhin denkbar einkalkuliert werden musste. Jedenfalls gerät dieses grün-rote Koalitionsschiff schon in schwere See, noch ehe es ausgelaufen ist. Obendrein gibt es bei der SPD Abgeordnete, denen zugetraut wird, Kretschmann bei der Wahl am 12. Mai ihre Stimme wegen Stuttgart 21 zu versagen. Fiele er durch, wäre das der grün-rote GAU. Ein Lothar Späth, selbst ein Erwin Teufel ließe sich in dieser Lage etwas einfallen, irgendetwas aus dem Instrumentenkasten der Machtpolitik. Nicht so Kretschmann. Der setzt auf Dialog, auf Überzeugung, auf geduldiges Räsonieren, ein einziges Mal ist er laut geworden. Und ansonsten scheint er zu meinen: Es kommt eh, wie's kommen muss.

Unterdessen wird in der grünen Bundespartei über Baden-Württemberg diskutiert und darüber, was der Sieg dort zu bedeuten habe. Natürlich unter dem Aspekt künftiger Macht. Wieso haben wir da unten jeden vierten Wähler für uns gewonnen? Die linke Version: Weil die CDU dort das Feindbild war, vorrangig wegen Stuttgart 21, wegen Atomkraft und dank diesem rabiaten Stefan Mappus. Die der Realos: Weil die Grünen und an ihrer Spitze Kretschmann so konservativ auftraten, dass sie CDU-Sympathisanten zu sich herüberziehen konnten. Als Beleg dient da unter anderem Oberschwaben, die katholisch-ländliche Heimat von Kretschmann und Teufel also, in der Grüne erstaunliche Wahlergebnisse erzielen.

Dass fulminante Erfolge in klassischen Universitätsstädten hinzukommen, von der Metropole Stuttgart ganz zu schweigen, das lässt erst recht grüne Blütenträume reifen. Die Vision von einer grünen Volkspartei macht die Runde und setzt sich in den Köpfen fest. Ein paar Leute erinnern sich an einen Propheten, der schon vor dreißig Jahren die Frage aufwarf, ob nicht so, wie die Sozialdemokratie aus der Industrialisierung hervorging und Massenbewegung wurde, auch die Grünen dem Zeitalter der Ökokrisen und Energiewenden entsteigen würden als große neue Kraft.

Und: Parteistrategen und Medienmenschen in Berlin fangen angesichts des anhaltenden grünen Höhenflugs an, ernsthaft darüber nachzudenken, wer kanzlertauglich sein könnte bei denen. Der Name Kretschmann fällt nie. Der sieht sich als – und ist es im besten Sinne – Provinzpolitiker. Unterentwickelt sind bei ihm außerdem der Eitelkeitsfaktor und jener „Ich will hier rein"-Impuls, der einst Gerhard Schröder am Zaun des Kanzleramts rütteln ließ. Sowieso wird keiner Kanzler, der nicht schon irgendwo erfolgreich regiert hat. Und ob das alles halbwegs gutgeht am Neckar, mit Winfried Kretschmann und Grün-Rot, ist ungewiss. Das in der Euphorie des Verhandlungsauftakts benutzte Wort von der Liebesheirat nimmt er bald nur noch als Zitat in den Mund. Und fügt hinzu: „In getrennten Betten."

4 Vorhang auf
Ein Pädagoge in der Politik

TELEFONATE, EINE REDE im Stuttgarter Landtag zum Länderfinanzausgleich, ein Gespräch zum Thema Toto-Lotto, dazwischen am Manuskript feilen, zur Ruhe kommen, ein Treffen mit dem Kirchenrat, Akten lesen, vorbereiten. Mit einem Wort, es war ein voller Februartag des Jahres 2011. Nicht mehr ganz frisch also kommt er abends im Stuttgarter Haus der Architekten die Wendeltreppe herunter, nicht eben federnd, leicht gebeugt wie immer, eine schmale Mappe in der Hand. Er hat sich einiges vorgenommen und lässt es sich nicht anmerken. Die Besucher, an denen der Mann im hellgrauen Anzug vorübergeht, er, die Hauptperson des Abends, reagieren kaum auf ihn. Ein Gruß nach links, ein Gruß nach rechts. Da kommt kein Gockel, keiner mit durchgedrücktem Kreuz und großer Geste. Eher einer, der seine Kraft für anderes braucht.

Winfried Kretschmann redet gern. Alle in der Kaste reden gern. Wer seine Scheu nicht ablegt, ist falsch im Geschäft. Zu viele allerdings hören sich selber gern – statt anderen zu. Im Parlamentsbetrieb blieb den Grünen der ersten Stunde wenig anderes übrig, als den Rednern von CDU, SPD und FDP ausdauernd zu lauschen. Es war die Zeit, in der ein Chefredakteur im Land seine Redaktion anwies, keine Meldungen mehr über die neue Partei auf Seite eins zu platzieren. In der die Mitarbeiter der Grü-

nen im Landtag in einige wenige Büros zusammen-
gedrängt werden und altgediente Abgeordnete anderer
Parteien ihnen den Handschlag verweigern. Die fünf
Männer und eine Frau, die Anfang Mai 1980 ihre Arbeit
in der Volksvertretung aufnahmen, hatten keinen Frak-
tionsstatus, galten als Gruppe, kamen fast immer als
letzte zu Wort. „Wir haben das Glück oder das Pech,
dass wir in der Regel am Schluss, also dann sprechen
können oder müssen, wenn das meiste schon gesagt ist",
sagt Kretschmann. Und: Wer lang genug zuhören kann,
„hört aus irgendeinem Munde oft das, was er selber sagen wollte". Die Grünen müssen zuhören, weil es für
sie Ehrensache ist, den Plenarsaal während einer Debatte nicht zu verlassen. Wer wie Kretschmann von Anfang
an „den Papageieneffekt" vermeiden will, muss schnell
reagieren, aus sich selber schöpfen und – ungewöhnlich
für Politiker jeder Couleur – Lücken zulassen. „Danach
dürfen Sie mich jetzt nicht fragen", wird er noch 31 Jahre später sogar auf Pressekonferenzen sagen, bei denen
er gemeinsam mit Nils Schmid eigentlich Auskunft über
die sich langsam, aber unvermeidlich zuspitzenden Koalitionsverhandlungen geben müsste. Auch sie finden
statt an dem Ort mit der Wendeltreppe, mit Blick auf
den Stuttgarter Talkessel. Ein Ort wie geschaffen für Gespräche auf gehobenem Niveau.

Eine solche Rede hat der künftige Regierungschef abge-
liefert, als er noch Spitzenkandidat war. Eine „My-way-
Rede", wie seine mit Öffentlichkeitsarbeit betraute Umgebung vorher bedeutungsvoll geraunt hatte. Eine, die
einen großen Bogen spannen soll und eine Aura schaffen. Oft genug platzt dann eine Seifenblase. Diesmal

wird es anders sein. Der Hauptdarsteller bei diesem leicht verspäteten Neujahrsempfang der Stuttgarter Grünen im Februar 2011 ist enttäuscht, als er einen Blick in den großen Saal wirft: lauter Stehtische. Erwartet hatte Kretschmann eine normale Bestuhlung. Er zieht die Mundwinkel nach unten. Dabei wollte er doch, scherzt er, eine richtige Fidel-Castro-Rede halten. Unzumutbar für ein Auditorium, das nun nicht sitzen darf. Kretschmann tobt nicht, verlangt keine Umorganisation, knöpft sich keinen Verantwortlichen vor. Er stellt sich in die Schuhe seiner Zuhörerschaft und fügt sich. Dann lächelt er: „Ich glaube, ich habe auch so einiges zu bieten."

Von einer Grundsatzrede, die ihren Namen verdient, schreibt später die „Süddeutsche Zeitung", und bei der nur Mäkler sich am Fehlen konkreter Programmvorschläge stoßen können. Kretschmann nimmt sein Publikum mit in eine andere politische Welt. Das ist einerseits nicht schwer auf einer Veranstaltung der eigenen Partei. Und andererseits so fesselnd, dass langjährige Weggefährten am Ende fast ergriffen sind. Rezzo Schlauch zum Beispiel, der schon Mitte der Neunzigerjahre in Stuttgart Oberbürgermeister geworden wäre, hätte die SPD ihren Kandidaten nicht noch in den aussichtslosen zweiten Wahlgang geschickt. Jetzt, Monate vor dem Wahlgang, ist er sicher, dass „der Kretsch ein herausragender Regierungschef" sein kann: „Wie der ohne die ganzen banalen Politformeln auskommt, das geht unter die Haut."

Banales ist Kretschmann viel öfter fremd als vielen anderen. Dafür kann er ziemlich anstrengend sein. Vor allem, wenn seine Redeweise alles Beiläufige verliert, wenn er laut wird an Stellen, die den hohen Ton nicht hergeben. Manchmal kippt seine Stimme, ein Markenzeichen seit jungen Jahren, das sich auch im Alter nicht verliert. Viele, die ihn zum ersten Mal oder nur selten hören, reagieren enthusiastischer als jene, die diesen forcierten Predigerstil schon lange kennen. Früher, auf den oft heftig bewegten Landesdelegiertenkonferenzen seiner Partei, haben sich vor allem Jüngere über ihn lustig gemacht. Einmal wollte ihn einer vom Mikrophon wegschieben mit der Begründung, er wolle sich nicht auch hier noch im Großvaterton belehren lassen. Kretschmann, die Reizfigur. Die ihrerseits damit haderte, dass die Grünen nach dem Vorbild der Altparteien so etwas angepasst Spießiges wie Redezeitbeschränkungen einführten. Nicht die Unterwerfung an sich war für Kretschmann das Problem, sondern dass, egal bei welchem Thema, plötzlich auch für komplexe Gedanken und Argumente nur noch fünf Minuten Zeit sein sollten. Oder gar nur drei. Daran gehalten hat er sich so gut wie nie. Er versaute lieber den Auftritt, weil noch so vieles Wichtiges zu sagen war. Kaum im Landtag angekommen, klagte er schon, fünf Minuten Redezeit seien zu kurz, weil sie zwar reichten, ein Konzept madig zu machen, nicht aber, um eines ernsthaft zu bewerten oder gar ein eigenes darzustellen.

Er tastet sich heran an Metier und Atmosphäre. Mangel an Mut ist ihm nicht anzukreiden. Gleich zum Auftakt der achten (und seiner ersten) Legislaturperiode muss er ran, als CDU und FDP entgegen allen Usancen keine Geschäftsordnung verabschieden wollen, um erst einmal zu beobachten, wie sich die Grünen so verhalten im parlamentarischen Alltag, um ihnen gegebenenfalls Rechte zu streichen. Es bleibt beim Gruppenstatus, zwei Abgeordnete fehlen zur Fraktionsstärke. (Welches Glück für die Liberalen, dass die Geschäftsordnung später doch geändert und die Zahl auf von acht auf sechs gesenkt wird – sonst wären nach dem 27. März 2011 die sieben wackeren Abgeordneten der Schrumpf-FDP in ihrem einstigen Stammland auch keine Fraktion mehr.)

In dieser seiner allerersten Rede im Landtag von Baden-Württemberg ging es Kretschmann um einen fairen, menschlichen Umgang. Und um das Rederecht als vornehmstes Privileg des Parlamentariers. Er erinnert sogar an die in anderen Parlamenten gegebene Möglichkeit zu filibustern, Endlosreden zu halten. Dabei fasst er sich selber anfangs eher kurz. Über die Fildermesse und die damit verbundene Vernichtung hochwertiger Ackerflächen, ein bedeutsames Thema für die Grünen, verliert er genau acht Sätze, die länger im Gedächtnis bleiben als viele andere Beiträge: Weil sein SPD-Vorredner alles Wesentliche schon vorgebracht hatte.

Meint er dagegen, sein Empörungspotenzial mobilisieren zu müssen, kommt er in Rage, dann zeigt sich das weniger an der Lautstärke, sondern vor allem an der anschwellenden Halsschlagader. So wie damals, als er sich aufregte in einer Plenarsitzung wie bis dahin noch nie, wegen des Versuchs der CDU, „Atomkraftgegner als Luxusprotestler hinzustellen, die ihren Protest auf dem Rücken der Länder der Dritten Welt austragen". 28 Jahre später liest sich das wie eine Bewerbung für die Ethikkommission der Kanzlerin zur Kernkraft. Er zitiert, er schlussfolgert, er mahnt vor allem bei der Union Demut, Maß, Mitte und Bescheidenheit an, er rügt Hybris, Maßlosigkeit und Hoffart. Ganz und gar nicht abfinden will er sich mit dem matten Argument der Atomkraftbefürworter, schließlich seien sie keine Kernphysiker. Er mutet sich und dem Publikum einiges zu: „Ich kann Sie nicht überzeugen, das ist nicht meine Hoffnung und nicht mein Glaube, wenigstens nicht in absehbarer Zeit. Ich kann nur versuchen, Ausführungen zu machen, damit Sie wenigstens unser Handeln besser verstehen. Das ist vielleicht der letzte Rest von Achtung, den man diesem Parlament gegenüber erbringen muss, dass man den anderen anhört, um sein Handeln wenigstens zu verstehen, wenn man es schon nicht billigt." Das war im Oktober 1982.

71 Mal erhält Winfried Kretschmann in seinen ersten vier Jahren im Plenarsaal das Wort: Mietrecht und Toto-Lotto, Bildungs- oder Energiepolitik natürlich, Waldsterben, Dorfschule, Frauenperspektiven und Straßenbau. Der Generalist muss sich rasch entwickeln, weil die Vielzahl der Themen in einer kleinen Gruppe nicht auf so viele Schultern verteilt werden kann wie in einer großen Fraktion. Die Basis ist gelegt. Der Stil des Auftritts wird sich im Laufe der Jahre kaum verändern. Vergnügungssteuerpflichtig, wie es gern im Politjargon heißt, wird das Zuhören nicht. Seine Erfahrung wächst und wächst, aber auch gut 500 Reden im Parlament lassen nie den Eindruck von routiniertem Abspulen entstehen. Kretschmann, der Vollblutpolitiker. Bei seiner letzten Landtagsrede in der Opposition hat das Atomkraftthema durch

die Katastrophe in Japan eine neue Dimension erreicht, und Kretschmann bemüht, was er sehr selten tut, persönliche Erinnerungen. Der Super-GAU in Tschernobyl passierte in seiner Zeit in Joschka Fischers hessischem Umweltministerium. „Wir sahen uns herausgefordert, mit den panischen Ängsten der Bevölkerung und mit den Auswirkungen der radioaktiven Wolke umzugehen", berichtet er, „wir waren teilweise wirklich überfordert, Ratschläge zu geben, wenn gefragt wurde: Darf man nach draußen gehen? Dürfen die Kinder in die Sandkästen?" Für ihn ist die Konsequenz aus Fukushima klar: „Den Begriff Restrisiko müssen wir im Zusammenhang mit der Risikotechnologie Atomkraft aus unserem Repertoire streichen."

Ein einziges Mal applaudieren anhaltend auch Abgeordnete einer der beiden Regierungsfraktionen. Es ist das Jahr 2000. In den ersten sechs Monaten hat die Polizei bundesweit 5223 antisemitische, fremdenfeindliche und rechtsextremistische Straftaten gezählt – fast dreißig pro Tag, darunter der Brandanschlag auf die Synagoge in Düsseldorf, der Übergriff auf die Gedenkstätte im ehemaligen Konzentrationslager in Buchenwald, der Anschlag auf den jüdischen Friedhof in Schwäbisch Hall-Steinbach. Baden-Württembergs Landtag debattiert eine „gesamtgesellschaftliche Strategie zur Eindämmung der Gewalt von rechts". Die Republikaner haben zum zweiten Mal den Einzug ins Parlament erreicht, ihr Fraktionschef Rolf Schlierer beklagt, die anderen machten nur Wahlkampf gegen seine Partei. Kretschmann – er ist noch nicht Fraktionschef – knöpft sich den Rechtsaußen vor: „In einer Situation, in der ein Ruck durch

Deutschland geht, weil Brandanschläge auf Synagogen verübt werden, weil Brandanschläge auf Asylantenheime verübt werden, in der Leute gejagt und totgeschlagen werden, in solch einer Situation sprechen Sie von einer hysterischen Diskussion. Dies sagt, finde ich, schon alles." Eine Rede aus dem Stegreif, wieder einmal schöpft er aus sich selber. „Marxistische Dialektik", empört sich Schlierer. Kretschmann kontert ausnahmsweise kühl, spricht von der „widerwärtigen Demagogie, die Sie heute hier vorgeführt haben", und die zeige, „dass Sie tatsächlich geistige Brandstifter sind". Das Protokoll verzeichnet Applaus bei den Grünen, der SPD und bei der FDP. Freuen kann sich Kretschmann nicht.

Prinzipientreue ist über all die Jahre wesentliche Triebfeder geblieben. Kretschmann war nie Rhetor, kein Volkstribun, auch keiner, der mit spitzfindigen Formulierungen spielt. Stattdessen ist er authentisch. Jetzt, an diesem Februarabend 2011, steht er im Haus der Architekten, vor der zu klein geratenen grünen Saaldekoration, in diesem Raum ohne Bestuhlung, und beginnt – was selten vorkommt und seine Anspannung unterstreicht – mit einer Verlegenheitsgeste. Er begrüßt die Zuhörer und kratzt sich an der Nase. Bald ist die Nervosität verflogen. Er spricht von der Chance zum Wechsel nach 30 Jahren Opposition, vom Vertrauen als wichtigster Ressource in der Politik, von der Ressourcenknappheit als Motor für Innovationen, vom Parlament, das in Baden-Württemberg zu einem Anhängsel der Regierung geworden ist, das durchwinkt, anstatt Alternativen aufzuzeigen.

Der Spitzenkandidat kommt in Fahrt. Und er tut, was er in den Wochen des Vorwahlkampfs noch nie getan hat, trotz hoher und noch höherer Umfragewerte: Er dokumentiert seinen Machtanspruch auch in der Wortwahl. Er sagt: „Genau das werde ich machen." Zum Beispiel nachvollziehbare Maßstäbe formulieren, etwa wenn es um Windkraft geht: „Man kann keine Anlage im Keller bauen. Wen das ästhetisch stört, dem müssen wir sagen, dass wir dieses Argument nicht akzeptieren können, weil Klimaschutz der richtige Maßstab ist." Es wird Verlierer auch in Debatten geben, die der Ministerpräsident Winfried Kretschmann führt, weil er Baden-Württemberg „nicht zum größten Debattierclub aller Zeiten in Europa machen" will. Was er verspricht, ist seriöser Umgang mit der Bürgerschaft, weil es „ein großer Unterschied ist, ob man in einem fairen oder in einem unfairen Wettbewerb unterliegt".

Konzentriert hat das Publikum gelauscht. Parteifreunde saugen für den Wahlkampf in Fußgängerzonen und Hinterzimmern Argumente auf, manche, nicht nur die anwesenden Journalisten, schreiben mit, andere hören staunend zu. Längst spricht weniger der Politiker und mehr der Pädagoge. Es kommt nicht immer gut an, wenn Kretschmann die Grenze dazwischen verwischt. Diesmal ist der Erfolg durchschlagend. „Wir sind in einer Situation, in der es richtig und wichtig ist, sich der eigenen Prinzipen und Ziele zu vergewissern und sie offenzulegen", sagt er, weil er niemals sagen würde: Wir wollen an die Macht. Aber er will, so sehr wie noch nie in seinem Leben. Alle im Saal haben die Botschaft verstanden.

5 Aus Liebe zur Natur
Die neue Strategie des Ökologischen

DER NEUE MINISTERPRÄSIDENT hat Biologie und Chemie studiert. Er ist mit Leidenschaft in der Natur unterwegs. Und er ist Gründungsmitglied einer ökologischen Partei. Mit Winfried Kretschmann kommt zum ersten Mal in Europa ein Politiker an die Macht, der den Artenschutz zu den zentralen Zielen zählt. Nicht weil er gerade en vogue wäre, sondern aus Überzeugung. Es wird interessant sein zu beobachten, wie der Christ, der das C ernst nimmt, das seine Partei nicht im Namen trägt, im Regierungsalltag besteht. Und wie der Ökologe Anspruch und Wirklichkeit zusammenbringt.

Mit gutem Gewissen machte die Familie Kretschmann früher gern Urlaub auf dem Bauernhof. Nichts Besonderes, eher naheliegend mit drei Kindern und dem schon damals vorhandenen Bewusstsein, wie umweltschädlich Fernreisen sind. Sie fuhren nach Laiz, wo Gerlinde Kretschmanns Eltern eine Hühnerfarm mit 600 Tieren betrieben, dicht gedrängt in Käfigen, unvereinbar mit grüner Programmatik. Um auch den Schwiegereltern Ferien zu ermöglichen, übernahm er trotz eigenem Urlaub die anfallenden Arbeiten: kontrollieren, füttern, Eier einsammeln, allfällige Reparaturen erledigen. Mit Widerwillen und zugleich mit einem nüchternen Blick auf wirtschaftliche Notwendigkeiten. „Wer von der Eierproduktion leben will", sagte er damals, „kommt ohne Käfighaltung in Probleme." Der

Kampf ist inzwischen gewonnen. Ab 1. Januar 2012 ist Käfighaltung dieser Art EU-weit verboten.

Aus Liebe zur Natur hat Kretschmann die Grünen mitbegründet, sagt er im Wahlkampf 2011. Nicht zu oft, damit die Botschaft nicht verschleißt. Aber wenn er darauf zu sprechen kommt, dann mit Inbrunst. Manchmal nennt er sein Verhältnis zur Natur sogar libidinös. Und die, die regelmäßig mit ihm wandern, erzählen, dass er schon mal das Weiterwandern vergisst, weil ihn die eiszeitliche Reliktflora an der Oberen Donau in ihren Bann schlägt und er zu dozieren beginnt. Als er noch mehr Zeit hatte, war er Sonntag für Sonntag hier mit seiner Frau unterwegs. Die beiden haben Wanderungen veranstaltet und geführt, über fünf, sechs, sieben Stunden. Kretschmann kennt das Oberland, die Alb und das Albvorland wie seine Westentasche. Kommt er auf den Albtrauf zu sprechen, der sich aus dem Neckartal erhebt und aus der Entfernung blassblau schimmert, oder auf die Felsen im Donautal, verändern sich Stimme und Tonlage.

Ein weiches Thema mit hartem Kern. Jeden Tag verschwinden auf der Erde mehr als 300 Tier- und Pflanzenarten. „Wenn wir Regierungsverantwortung übernehmen, werden wir die Artenvielfalt, den Naturschutz und den Erhalt der Kulturlandschaft vom Rand ins Zentrum der Politik rücken", kündigt er an. Die Zeit drängt, erst recht in einem reichen Industrieland. Vom Rand ins Zentrum müssen dann auch die guten Beispiele, die viel zu oft unbeachtet bleiben. Daimler-Benz wirbt in Hochglanzprospekten mit der Verwendung von Kokosfasern: Global Player trifft Naturschutz. Willi Hoss, der 2003 verstorbene frühere grüne Bundestagsabgeordnete, hat die Verantwortlichen des Autobauers für Amazonien und für nachwachsende Rohstoffe interessiert. Den Bauern, die den Regenwald abholzten, um überleben zu können, sollte ein anderes Einkommen ermöglicht werden. Das Ulmer Forschungszentrum des Unternehmens und die Labors der Universität in der Amazonasstadt Belém tüftelten an Sonnenblenden und Hutablagen, an Nackenstützen und Sitzpolstern. Heute werden Kokosfasern vielfach verwendet. Angebaut wird von den Bauern längst auch anderes, die Ernährungsbasis ist gesichert.

Vor 31 Jahren haben Willi Hoss und Winfried Kretschmann gemeinsam ein Thesenpapier verfasst. Der eine arbeitete als Hochdruckschweißer „beim Daimler", wie die Stuttgarter sagen, der andere, der Studienrat, saß als Neuling im Landtag. Es ging um alternative Energieszenarien zur Atomkraft, um Rezepte gegen globale Ressourcenverschwendung und gegen Umweltzerstörung durch Chemie und Verkehr. Zugleich um den Umgang der neuen Partei mit Praktikern und Fachleuten, die zur Zusammenarbeit auf allen Ebenen animiert werden sollten. Gelohnt werden der neuen Partei ihre Bemühungen von vielen nicht. Viele Blätter in der Republik setzen die Grünen beharrlich in Anführungszeichen und spekulieren darüber, wann die neue Bewegung an ihr Ende kommt. „Die KPD und die DKP sehen in den Umweltschutzmaßnahmen wichtige Chancen zum Eindrücken dieses Staates", hat Hans Filbinger in den Siebzigerjahren gesagt. Die Grünen waren da noch nicht gegründet, aber solche Bewertungen wurden später auf sie übertragen: dass sie zu radikal seien und zu links, zu unberechenbar, zu eindimensional und zu weltfremd. Die Einpunkt-Partei, „die sich über den Natur- und Umweltschutz hinaus nicht auf konkrete Aussagen verständigen kann", werde sich schnell überflüssig machen, prophezeite selbst Erhard Eppler. Erwin Teufel, später Ministerpräsident, damals CDU-Fraktionschef, triefte vor Mitleid und fand „schier niederschmetternd", wie schwer sich die Grünen täten, „bis zur Hilflosigkeit". Nach einigen wenigen Plenardebatten will er grüne Reden schon selber schreiben können, weil ja doch immer nur die Themen Kernkraft, Ökologie und Abrüstung variiert würden.

Auch Jean-Paul Picaper, Bonner Korrespondent des konservativen Pariser „Figaro" und Freund von Helmut und Hannelore Kohl, befasste sich seinerzeit mit dem Einzug der Grünen in den Stuttgarter Landtag. Für ihn grenzte er „fast an Zauberei". Er griff eine Geschichte auf, die bei CDU und FDP in Südbaden als Erklärung für den Erfolg herhalten musste – und verblüffende Parallelen zum Wahltriumph von 2011 aufweist: Drei Tage vor der Wahl hatte sich „eine verflixte Dampfwolke" vom elsässischen Atommeiler in Fessenheim Richtung Schwarzwald bewegt und die Bevölkerung verunsichert. Fessenheim, noch heute am Netz und berüchtigt für seine vielen Störfälle, war da schon lange im Visier der Atomkraftgegner.

Den Vogel schoss der Schwäbische Albverein ab. Die Grünen gefährdeten das ökologische Bewusstsein, argumentieren die Vereinsoberen in den Achtzigern, mit diesem verblüffenden Argument: Weil sie euphorisch den Gedanken des Naturschutzes aufgenommen hätten, könne das neue Bewusstsein dafür in der Öffentlichkeit

„wie ein Strohfeuer verbrennen". Die Erfolge im Natur-schutz dürften jedenfalls jetzt nicht durch eine neue Par-tei leichtfertig verspielt werden. Der Schwäbische Albver-ein hatte damals stolze 110 000 Mitglieder, der Anteil der CDU-Wähler war vermutlich nicht gering.

Im April 2011 grünt es wie selten zu dieser Jahreszeit im Stuttgarter Talkessel. Ein hartnäckiges Vorsommerhoch und kurzer ausgiebiger Regen zur richtigen Zeit verschönt die immer dorniger werdenden grün-roten Koalitionsver-handlungen im Haus der Architekten. Kretschmann und den anderen Beteiligten wird wenig geschenkt in diesen Tagen. Der Blick über die Stadt aber, auf die blühende, aus-treibende Pracht der Natur, er ist umsonst. „Und ich habe das alles doppelt", sagt er einmal. Daheim in Laiz ist die Natur noch nicht so weit; was in Stuttgart schon in voller Blüte steht, kommt im Donautal erst allmählich nach.

Für die Geschichte der Ökologiebewegung hat der Früh-ling eine herausragende Bedeutung. Rachel Carson, eine Biologin, Journalistin und Autorin aus Pennsylvania, schrieb Anfang der Sechzigerjahre ein Buch mit dem Titel „Silent Spring". Jahrelang hatte sie sich mit dem Einsatz von Pestiziden, vor allem von DDT befasst. Die Veröffentlichung hatte weitreichende Konsequenzen. John F. Kennedy wurde aufmerksam, nur ein Jahr später brachte der Senat ein Verbotsgesetz auf den Weg. DDT ist auch in Deutschland nicht mehr legal in Gebrauch, viele andere Pestizide werden weiterhin eingesetzt. Die Grünen fordern seit 1984 ein Totalverbot. Als 2008 an der Rheinschiene massenhaft Bienen sterben, holt Kretschmann im Landtag zum Rundumschlag aus, die

Erinnerung an frühere Zeiten inklusive: Das Thema bewege ihn sehr, auch weil er sich noch erinnern kann, wie er Anfang der Achtzigerjahre für seine Ideen vom ökologischen Landbau im Parlament verhöhnt wurde. Gerhard Weiser, der Landwirtschaftsminister der CDU und selbst praktizierender Bauer, erklärte das Konzept für „verrückt" und stellte Zusammenhänge her zur „Misswirtschaft in Polen". Es habe sich nichts geändert, ereifert sich Kretschmann mehr als zwei Jahrzehnte später, „das ist skandalös". EU-weit wurden in Lebensmitteln nicht weniger als 345 Pestizide nachgewiesen. Brüssel ist inzwischen aktiv geworden, aber erst ab 2015 sollen schärfere Regeln gelten.

Kretschmann geht es schon seit Jahren ausdrücklich nicht nur um mehr Öko auf dem Feld. Sondern um „das Dreieck Landwirtschaft, Naturschutz und Tourismus" und damit um die Wirtschaftskraft des Landes. Wer nach Baden-Württemberg kommt, in das Land mit dem Werbe-Slogan „Wir sind Süden", will schöne, abwechslungsreiche Landschaften sehen. Ein verständlicher Wunsch, dessen Erfüllung sich aber auch für jene rechnen muss, die diese Landschaften erhalten und bewirtschaften. Kretschmann wirbt für eine ökologische Landwirtschaft, die gesunde und schmackhafte Lebensmittel aus der Region produziert. „Sie sehen", so spricht er in seinen Wahlkampfreden das Publikum direkt an, „dass auch mit Themen, die bisher nicht so sehr im Zentrum stehen, doch wichtige Fragen aufgerufen werden." Die nämlich nach einem guten Leben und vor allem die, wie das Gemeinwesen reagieren soll. Natur muss nicht nur in eigens ausgewiesenen Reservaten geschützt werden, sondern als Ganzes und von vornherein durch andere Produktionsweisen. Gifte oder genverändertes Saatgut sind zu verbieten, vieles andere will der Grüne eher der Entscheidung der Konsumenten überlassen. Wieder einmal in der Überzeugung, dass, wer nur ausreichend intensiv für einen anderen, für einen naturschonenden und nachhaltigen Lebensstil wirbt, immer mehr Mitstreiterinnen und Mitstreiter finden wird.

Oder schon gefunden hat. Genauer gesagt: hatte. Denn sie sind längst vergessen, die kleinen runden Aufkleber mit der rot durchgestrichenen 100 sogar auf – wie sie heute heißen – Premiumprodukten der Automobilindustrie des Landes. Die dramatischen Bilder sterbender Bäume im Schwarzwald haben selbst begeisterte Autofahrer einen Gang zurückschalten lassen. Die Politik hat nicht darauf reagiert. Immer wieder haben die Grünen ein Tempolimit auf Autobahnen und Bundesstraßen gefordert. Einmal Anfang der Achtziger liest Kretschmann im Landtag Zahlen aus dem Umweltbundesamt vor – und kann nicht begreifen, wie kalt das die Kollegen lässt: Eine Geschwindigkeitsbegrenzung auf hundert Stundenkilometer würde den Ausstoß von Stickoxiden durchschnittlich um 20 bis 23 Prozent senken, bei Tempo 80 auf Landstraßen kämen weitere 25 Prozent hinzu. Binnen zehn Jahren sind die Emissionen um 80 Prozent gestiegen. „Raserei mit Freiheit in Verbindung zu bringen", so etwas hält er für abgeschmackt. Er wettert gegen die geplante Stilllegung von rund 7000 Eisenbahnstreckenkilometern und kommt doch auch der Gegenseite entgegen: „Wir wissen, dass man aus 500 Jahren Neuzeit nicht aussteigen kann." Durchsetzen wird sich seine Position noch lange nicht. Wie einige Jahre später in der Debatte um bleifreies Benzin argumentieren CDU, FDP und etliche Sozialdemokraten mit der Wirtschaftskraft des Landes. Damit, dass rund um Stuttgart die schönsten und schnellsten Autos der Welt gebaut werden und die Welt sehen soll, dass sie auf deutschen Straßen die schönsten und die schnellsten sind. „Das ist absurd", ruft Kretschmann und seine Stimme überschlägt sich. Wie absurd es ist, ist damals zunächst nur bei einer sogenannten kleinen radikalen Minderheit angekommen, das Bewusstsein der großen Mehrheit ist ein anderes. Und den ökonomischen Interessen steht ökologisches Denken ohnehin nur im Weg. „Die bisherige Geschichte der Bundesrepublik musste irgendwann einen grünen Protest hervorbringen", schrieb der Kölner Psychologe Henning Günther schon damals, zu „rücksichtslos und unförmig" gingen Industrialisierung und Modernisierung vonstatten.

Fast drei Jahrzehnte nach den ersten Tempolimit-Debatten ärgert sich Kretschmann darüber, dass das Allzweck-Argument von damals, Produkte müssten dort, wo sie produziert werden, auch in Betrieb sein, für einen bestimmten Wirtschaftszweig nicht gelten soll: ausgerechnet für die Windkraft. In Baden-Württemberg erwirtschaften mehr als hundert Firmen einen Umsatz von fast 600 Millionen Euro. „Aber der Anteil in der Energieproduktion liegt unter einem Prozent", sagt er. Schon 2006, als er zum ersten Mal als Spitzenkandidat der Grünen in einem Landtagswahlkampf antritt, ist er gern gesehener Gast vor allem bei Mittelständlern mit ökologischem Bewusstsein. Im Landtagswahlkampf des Jahres 2011 wird er von manchen Firmenmanagern regelrecht mit der Forderung nach schärferen Umweltnormen bedrängt. Nur so, sagen sie, haben Unternehmen, die sich naturfreundliche Spitzentechnologie auf die Fahnen schreiben, eine Chance gegenüber Billiganbietern. Kretschmann besucht einen in Göppingen ansässigen Maschinenbauer mit fast 6000 Beschäftigten weltweit, wenige Tage nach der Eskalation des Polizeieinsatzes gegen Stuttgart-21-Gegner im Schlossgarten. Die Umfragezahlen sind hoch für die Grünen. Der Unternehmensvorstand sieht in dem Gast dennoch weniger den kommenden Regierungschef, sondern mehr einen Politiker, der sich für ihn und seine Probleme interessiert. Seine Forderung ist unmissverständlich: ambitioniertere Standards, als sie von der bisherigen Landeregierung verfolgt wurden. Und er erzählt von dem zähen Kampf, der nötig war, bis ihm endlich ein Standort für den Prototyp einer modernen Windkraftanlage genehmigt wurde.

Baden-Württembergs Maschinenbauer sind die besten Beispiele dafür, wie produktiv es sein kann, wenn Umweltschutzvorgaben verschärft werden. Mit viel Engagement hatte Kretschmanns Vor-Vorgänger Günther Oettinger im Interesse der heimischen Automobilindustrie gegen schärfere Kohlendioxidgrenzwerte der EU gestritten. Als er unterlag, zogen die Zulieferer mit den weltweit klingenden Namen ihre Schubladen auf und holten heraus, was zu verstauben drohte. „Ohne die strikten Vorgaben der EU hätte es diese dynamische Entwicklung nicht geben", sagt einer. Viele Unternehmen profitierten und profitieren vom Brüsseler Innovationsdruck in Sachen Schadstoffverringerung. Endlich kam in Mode, was neudeutsch „Downsizing" genannt wird: Autos werden leichter und klimafreundlicher, und endlich ist die Nockenwelle mit Wälz- statt mit Gleitlager gefragt. Sie sorgt für ein CO_2-Minus von fünf Prozent. Die Idee ist alt, weil der Preis aber bei zehn Euro (!) pro Stück und damit deutlich über dem alten, klimaschädlicheren Modell liegt, mochten Große wie Kleine der Branche lange nicht zugreifen. Dank der EU-Drohung mit Strafzahlungen ab dem Jahr 2015 kam Bewegung auf. „Mehr als sich mancher CDU-Wirtschaft-minister vorstellen kann", sagt ein Mittelständler und bekennt, dass er sich schon seit einiger Zeit lieber mit Umwelt- als mit Wirtschaftsministern austauscht. Aus dem Musterländle will Kretschmann ein Musterland machen: für grüne Produkte, für Energieeffizienz, für neue Mobili-tätskonzepte, die mit weniger Autos statt mit immer mehr Autos auskommen. Die Reflexe funktionieren. Letzteres sorgt sofort für Aufregung, die CDU wetterte gegen die Kampfansage an die Automobilindustrie.

Schon wenn den Oppositionspolitiker Kretschmann der Hafer stach, problematisierte er nicht nur Baden-Würt-tembergs riskante Abhängigkeit vom Export, sondern auch die von der Automobilindustrie. „Zu wenige Menschen wissen", sagt er, „dass im Tourismus im Land mehr Menschen beschäftigt sind." Das ist alles andere als ein Plädoyer gegen das Auto, aber es ist auch eine Mahnung, die Trampelpfade zu verlassen. Und das in einem Jahr, das noch die Vorgängerregierung aus Anlass des 125. Geburtstags der Erfindung eines gewissen Gottlieb Daimler zum Automobiljahr ausgerufen hatte. „Mobilität muss grün werden", sagt der designierte Minister-präsident. Manchmal belässt er es dabei. Manchmal erläutert er, wie er zu diesen und anderen Aussagen kommt: „Ich habe eine naturwissenschaftliche Ausbildung, und deshalb gehört es zu meinen Prinzipien, dass ich mich immer zuerst um Fakten kümmere, bevor ich Urteile fälle." Die Methode erspart es ihm praktischerweise auch, „sofort in Panik zu verfallen bei Fakten, die einem nicht gefallen". Lauter heiße Tipps vom Lehrer Kretschmann an den Regierungschef Kretschmann.

Kein Regierungschef der demokratischen Welt ist gehindert, ökologischen Worten Taten folgen zu lassen. Im Kleinen, im Großen und im ganz Großen. Die EU hat sich eine Artenschutz-Strategie verordnet, die Vereinten Nationen haben das ganze Jahrzehnt unter die Überschrift „Biologische Vielfalt" gestellt, zum Beispiel, weil es – ein Grund von Dutzenden – nach Prognosen der UNO ohne Trendumkehr schon in 40 Jahren kaum mehr Fische in den Weltmeeren geben wird. 2012 müssen alle Staaten erklären, welchen Beitrag sie leisten können, um das weltweite Artensterben bis 2020 zu stoppen. In den Strategiepapieren ist aber nicht nur von staatlichem Handeln die Rede, sondern auch vom Konsumenten, vom Einzelnen, vom letzten – und rein theoretisch mächtigsten – Glied in der Kette. Ohne den Verbraucher und sein kritisches Bewusstsein wird es wahrscheinlich unmöglich, mit Sicherheit aber wesentlich schwerer, neue Wege zu gehen, Gefahren noch rechtzeitig abzuwenden. Das Wort Katastrophe vermeidet Kretschmann lieber. Die Grünen, sagt er, sind mit einem Katastrophismus groß geworden, der viele abgeschreckt hat. Er hält nichts von der „Es ist fünf vor zwölf"-Metapher: Wenn es nämlich fünf vor zwölf ist, dann schlägt's auch irgendwann zwölfe. Aber für diese Angst ist sein Gottvertrauen zu groß.

6 Glaube, der befreit
Religion und Philosophie

PALMSONNTAG IN LAIZ, im April 2011. Vom Wohnhaus der Kretschmanns führen 67 Stufen hinauf zur Kirche St. Peter und Paul. Draußen wärmt die Aprilsonne, drinnen nimmt in der überfüllten Kirche etwa ein Zehntel der 3000 Einwohner von Laiz an der Messe teil, darunter Gerlinde Kretschmann. Seit fast einem halben Jahrtausend ist die Pfarr- auch Wallfahrtskirche, ihre Fundamente sind möglicherweise älter als der Wiener Stephansdom. An der Fassade prangt überlebensgroß ein gemalter St. Christophorus, auf seinen Schultern als Knäblein der Gottessohn, den er sicher durch einen Fluss trägt. Früher gab es in Laiz eine Furt der Donau. Der später mächtige Strom ist hier, eine Autostunde von seiner Quelle entfernt, nur ein Bach. Wenn er über das flache Ufer trat und alles überschwemmte, und das tat er oft, riefen die Laizer St. Christophorus um Hilfe an. Ehe drinnen die mitgebrachten, selbstgeschmückten Palmbuschen, die eigentlich Buxzweige sind, geweiht werden, wird draußen im sogenannten Bibelgarten mit den liebevoll dekorierten Stationen zwei Dutzend Kindergartenkindern erzählt, wie damals Jesus Christus nach Jerusalem kam. Und dass er auf einem Esel geritten ist, nicht auf einem Pferd wie ein König, und auch nicht wie heute üblich in einem Mercedes vorgefahren. Die Kinder, die jüngsten drei, die ältesten sechs Jahre alt, lachen.

Winfried Kretschmann, der im Schatten dieser Kirche lebt, ist fromm, sehr fromm sogar. Ein nach eigenem Bekunden in der Wolle gefärbter Katholik. Wer mit ihm darüber zu debattieren versucht, kann erleben, dass er mit spürbarer Begeisterung von Gott und der Heiligen Schrift spricht und dann ausruft: „Das glaube ich eben!" Selbst als er Anfang der Siebzigerjahre, während seiner Zeit im Kommunistischen Bund Westdeutschlands, vorübergehend die Kirche verließ, geschah das nicht etwa, weil er vom Glauben abgefallen wäre. Sondern eher in zeitversetzter Auflehnung gegen seine Erlebnisse Jahre zuvor im Internat der Redemptoristen in Riedlingen. Heute zählt er sie zu den schlimmsten seines Lebens. Viel zu vieles drehte sich um Zwang und Gehorsam, als autoritär und lieblos streng sind ihm manche Erzieher in Erinnerung, und dass der für die fast dreihundert Schüler zuständige Pater Präfekt wegen einer Lappalie einen seiner Schutzbefohlenen blutig schlug, entsetzt Kretschmann bis heute. Mit sechzehn verließ er das Internat, und den ursprünglich Wunsch der Eltern, er möge Theologie studieren und Priester werden, erfüllte er auch nicht. Aber: „Es gab für mich immer Brücken zu Gott. Gott bewegte mich immer."

Weite Teile des grünen Anhangs, zumal die urbane Lattemacchiato-Fraktion oder die IT-Freaks, die Designer und Werbemenschen, die das Thema Religion hinter sich gelassen haben wie Puppe und Spielzeugeisenbahn aus Kindertagen, würden nicht schlecht staunen, wenn sie Kretschmann über seinen Glauben sprechen hörten. Da redet einer, dem Gott so selbstverständlich ist wie Jahreszeiten und Sonnenaufgang. Als die „Financial Times" ihn nach der besten Investition seines Lebens fragt, erwidert er ohne Umschweife: „Meine Taufe. Sie öffnet mir das Tor zum ewigen Leben." In Sachen Religion wird der eigensinnige Querdenker zum Traditionalisten, der in seinen Lebenslauf den fanfarengleichen Satz schreibt: „Die Familie lebte den ganzen Reichtum eines Kirchenjahres." Natürlich wäre er nicht Winfried Kretschmann, versuchte er diese Haltung einer fast kindlich zu nennenden Einfalt nicht argumentativ abzusichern. Vorrangig mit dem Hinweis, dass Glaube eben kein Wissen sei, dem reinen Verstand, erst recht der Naturwissenschaft mit ihrem Fragen nach Ursache und Wirkung unzugänglich. Deshalb auch sieht er in den Attacken der so genannten Neuen Atheisten um Richard Dawkins keinen ernstzunehmenden Einwand, sondern das abschreckende Beispiel eines frivolen Übermuts, der die Zuständigkeiten und Kompetenzen von Naturwissenschaft weit überschreitet, wenn er Gott leugnet. Die Leerstellen, die Verstand und Wissenschaft offen lassen müssen, und dankbares Staunen darüber, dass nicht nichts ist – schon damit tun sich auch für ihn zwei gut begehbare Wege auf, die Annäherung an eine höhere Wirklichkeit ermöglichen. Und er ist entschieden dagegen, Religion abzudrängen ins Private, ins stille Kämmerlein. Auch der gläubige Lehrer sollte das nicht tun: „Wenn meine Schüler nicht merken, dass ich Katholik bin, habe ich etwas falsch gemacht."

Theologischer Dogmatismus in Einzelfragen ist ihm fern. Noch fremder aber das Trachten, menschliche Vorstellungen von der Natur dieses rätselhaften Wesens namens Gott zu entwickeln und sie obendrein auf ihre Schlüssigkeit hin abzuklopfen. Das, davon ist er überzeugt, kann nur scheitern. Vielmehr geht es ihm um Sinn und Symbol und um Erzählungen, die den Horizont des Menschen weiten und ihm obendrein helfen, mit dem existenziellen Rätsel des Lebens und zugleich seinen praktischen Problemen besser zurechtzukommen. Glauben an Gott, das heißt bei Kretschmann ein „Urvertrauen in das Gute" haben und fest darauf bauen, „dass Gott die Welt nicht untergehen lässt". Gott einerseits als unfassbar und transzendent zu bezeichnen, ihn andererseits mit dem menschlichen Sehnsuchtsprinzip der Liebe in Verbindung zu bringen und ihm sehr direkte Eingriffe in menschliches Dasein zuzuschreiben, damit hat der Politiker gar kein Problem. „Die über 2000 Jahre alten Schöpfungsgeschichten der Bibel sagen: Gott hat die Welt erschaffen und den Menschen nach seinem Bild. Das bedeutet: Das Ganze ist gut und hat seinen Sinn", so umreißt Kretschmann seine metaphysische Harmonielehre. Glaube stiftet Sinn – kann das, so seine natürlich nur rhetorische Frage, etwa auch die Evolutionstheorie?

Kurzum, Glaube ist für ihn eben ganz ähnlich wie für zahllose Mitmenschen gleich einem Kleid: Das trägt man, es umhüllt und wärmt, gehört aber nicht in Frage gestellt; wer es nicht anziehen mag, soll es bleiben lassen. Da tönt leise auch immer eine Verwunderung über die Torheit jener mit, die lieber nackt und bloß dastehen, als in das hingehaltene Gewand zu schlüpfen. Solchen Skeptikern und Neinsagern bietet Kretschmanns ebenso vages wie entschiedenes Credo kaum eine Angriffsfläche. Ihn beschäftigt eben weniger, ob der Glaube „wahr" ist, als vielmehr, wozu er gut ist. Womit er sich in zahlreicher Gesellschaft befindet, im Hauptstrom einer Mehrheitsüberzeugung, wonach die Substanz von Religion nicht im Fürwahrhalten von Glaubenssätzen besteht, sondern darin, dass sie elementare menschlicher Bedürfnisse nach Schutz und Trost, nach Orientierung und Tragekraft erfüllt. Glaube als St. Christophorus eben.

Immerhin ist dem Mitglied des Diözesanrats Freiburg wichtig, dass Religion und Vernunft nicht als im Widerstreit stehend angesehen werden. Dass das Christentum durch das Fegefeuer der Aufklärung ging und überlebte, erfüllt ihn mit Stolz und Genugtuung. Hierin jedenfalls ist der Grüne dem Denken des gegenwärtigen Papstes sehr nahe. Auch Joseph Ratzinger hat sich ja ein Theologenleben lang darum bemüht – und dieses Bemühen kulminieren lassen in einem öffentlichen Zwiegespräch mit Jürgen Habermas –, Religion und Wissenschaft als versöhnte Geschwister vorzustellen. Indessen zeigt Kretschmanns Wortwahl, wofür im Zweifelsfall sein Herz schlägt: „Wer glaubt, dass jede Transzendenz aus der Schule muss, dem bleibt nur kalter Rationalismus. In dieser Frage bin ich ganz bei meinem Papst."

Im Übrigen aber nimmt er kein Blatt vor den Mund, wenn er sich über Fehltritte und Defizite seiner Kirche äußert. Seit Jahrzehnten hat ihn in diesem Zusammenhang nichts mehr so erschüttert wie die Rehabilitierung des Bischofs Williamson und seiner Pius-Bruderschaft. Niemandem, also auch dem Vatikan nicht, habe der „reaktionäre und antisemitische Bodensatz" in deren Position verborgen bleiben können. Für ihn steht fest, dass die Piusbrüder die Aufklärung bekämpfen und verhindern wollen, dass die Kirche in der Moderne ankommt. Mit ihrer „schamlosen Holocaustleugnung", mit ihrer

Ablehnung von Menschenwürde und Menschenrechten gehörten sie keinesfalls in die katholische Kirche. Deren deutschen Teil in Gestalt der hiesigen Bischöfe tadelt Kretschmann wegen einer viel zu vorsichtigen Reaktion auf die Entscheidung aus Rom. Da habe sich einmal mehr falscher Korpsgeist gezeigt und der „falsche Glaube, dass offene Kritik schadet".

Mit Ratzinger selbst über Kreuz geraten ist der Grüne in Sachen Homosexualität, als der noch die römische Glaubenskongregation leitete. Gleichgeschlechtliche Lebenspartnerschaften hatte er als „böse" Verirrungen beschrieben und an alle christlichen Politiker in Deutschland appelliert, sich gegen entsprechende Gesetzesinitiativen der damaligen rot-grünen Bundesregierung zur Wehr zu setzen. Homosexualität, konterte Kretschmann öffentlich (und nicht in Übereinstimmung mit zahlreichen Bibelstellen), sei eine normale, in der Regel unveränderbare Variante der menschlichen Sexualentwicklung und verstoße mithin nicht gegen das Sittengesetz. Solche Partnerschaften könnten zudem keinesfalls die Ehe entwerten. Zum Schluss wurde er sehr direkt: „Dass Sie sexuellen Beziehungen außerhalb der Ehe die Menschlichkeit absprechen, geht bei allem Respekt vor Ihrer Position entschieden zu weit und ist wirklich schwer erträglich." Homosexuelle dürften nicht ausgegrenzt werden, und katholisch sein heiße doch wohl: Die Frohe Botschaft Jesu gilt für alle.

Dieser Jesus Christus ist aus seiner Sicht „das Haupt der Kirche, nicht etwa der Papst, ein Bischof oder sonst irgendwer". Und im übrigen, als Erfinder des Liebesgebots, der Hauptgrund dafür, in der Kirche zu sein.

Eben deswegen hat er damals vor dem Wiedereintritt seinen Frieden mit der Institution machen können, „und zwar radikal mit alldem, was einem nicht passt". Deshalb hält er von dem Motto „Jesus ja, Kirche nein" gar nichts, das ist für ihn „ein blöder Spruch". Denn: Christ ist man in einer Gemeinschaft, oder noch schärfer: „Ohne Kirche kann man kein Christ sein."

Nicht von ungefähr also ist Kretschmann seit dem Jahr 2000 einer der namhaften Politiker, die im Zentralkomitee der deutschen Katholiken mitwirken. Alois Glück, einst CSU-Fraktionschef und dann Landtagspräsident in Bayern, heute Präsident dieser großen und einflussreichen Laienorganisation, findet nur lobende Worte für den grünen Glaubensbruder: Immer solide, immer kenntnisreich und gewissenhaft, immer zu gewinnbringendem Dialog bereit. Naheliegende Randfrage an den Bayern: Könnte der auch in Ihrer Partei Mitglied sein? „Aber ja doch."

Derselbe Kretschmann also, der die Kirche in Einzelfragen scharf kritisiert, ist in den wichtigeren, den prinzipiellen ganz der treue Sohn. Kirchen sind für ihn auch heute noch nicht eine, sondern die tragende Säule unserer Zivilgesellschaft, sie bleiben wichtig und bedeutsam auch in der säkularen Moderne. Überhaupt glaubt er, die Welt werde immer christlicher: „Ich mache mir keine Sorgen um das Christentum. Es ist ein Selbstläufer, weil die Menschen nach Frieden, Gerechtigkeit und sozialem Miteinander streben." Die ganze bundesdeutsche Verfassungsordnung sei christlich durchwirkt: Den Leitsatz der Grundgesetzpräambel von der Unantastbarkeit der Würde des Menschen sieht er abgeleitet von der Gottesebenbildlichkeit.

Keinerlei Probleme hat Kretschmann auch mit theologischen Fakultäten an Universitäten und dem Religionsunterricht an Schulen. Die Begründung fällt einigermaßen dialektisch aus: Nur ein Glaube, der mitten in der Gesellschaft steht und sich im Dialog mit der Moderne bewähren muss, entgeht der Gefahr, fundamentalistische und sektiererische Tendenzen zu entwickeln. Deshalb sind solche staatlich garantierten kirchlichen Privilegien nicht zu tadeln. Und im Widerspruch zur religiösen Neutralität des Staates stehen sie für ihn auch nicht.

1988, bei einer Landesdelegiertenkonferenz der Grünen in Schwäbisch Hall, wurde auf sein Betreiben hin ein Tendenzbeschluss verabschiedet, der zwar Dialog und Gemeinsamkeiten mit den Kirchen bei Themen wie Asyl-, Ökologie- und Friedenspolitik verspricht und würdigt. Zugleich aber nennt er die im Grundgesetz verankerte Trennung von Kirche und Staat „in der gesellschaftlichen Praxis der BRD bisher nur unzureichend verwirklicht"; außerdem entspreche es dem Mitgliedercharakter der Kirchen und dem Freiwilligkeitsprinzip, wenn sie anstelle der vom Arbeitgeber einbehaltenen Kirchensteuer Beiträge selber erhöben; das Erziehungsziel „Ehrfurcht vor Gott" im Religionsunterricht lehnt das Papier ebenso ab wie kirchliche Kontrolle und Bevormundung der Hochschultheologen. Unverkennbar, dass Kretschmann auch hier dem Drang zur Mitte nachgegeben und kritischere Positionen von ehedem geräumt hat.

Kretschmann ist nicht nur ein tiefgläubiger Mensch, sondern auch ein ziemlich gebildeter. „Winfried", behauptet sein Freund Boris Palmer wohl nicht zu Unrecht, „hat Bücher gelesen von Autoren, deren Namen Mappus nicht mal buchstabieren kann." Er ist halt ein untypischer Politiker, fügt der Tübinger OB hinzu und hat auch damit recht. Im Landtagswahlkampf gab es diese schöne Szene: Der örtliche Kandidat Manne Lucha, ein deftiges Original aus dem tiefsten Allgäu, begrüßt ihn lauthals mit der Mitteilung, er hätte sich am liebsten „eine richtig große Kretschmann-Rede bestellt, mit Hannah Arndt drin, Perikles und allem Drum und Dran". Die jüdische Gelehrte Hannah Arendt, wirkmächtig über Jahrzehnte als Philosophin, als Staats- und Gesellschaftstheoretikerin, ist Kretschmanns Fixstern. Äußerungen von ihr über Pluralität und Demokratie, über Dialog, Moderne und Bürgersinn füllen sein Zitatenschatzkästlein. Ihr großes Thema ist die Freiheit.

Auffallend allerdings, dass sie ohne besonderen Bezug zum Glauben auskam; nach ihrer Promotion im Alter von 23 Jahren über den Liebesbegriff beim Kirchenvater Augustin ließ sie von religiösen Themen ab, Im Gegenteil, sie warnt sogar vor der Versuchung, Wesen und Natur des Menschen zu bestimmen, denn sie ende „zumeist mit irgendwelchen Konstruktionen des Göttlichen"; das klingt kritischer, als es Gläubigen recht sein kann. Und andererseits: Als sie 1975 in New York stirbt, hatte sie es sich mit allen maßgeblichen politisch-ideologischen Strömungen ihrer Zeit verdorben, ein Schicksal, das Kretschmann, der sowohl Gefolgschaft gewinnen will als auch Wert auf einzelgängerischen Eigensinn legt, so vertraut wie sympathisch erscheinen dürfte.

Bei Hannah Arendt finden sich sehr anspruchsvolle (und recht akademische) Vorstellungen vom Miteinander in der modernen Demokratie und welche Rolle darin ein engagierter, spontaner Enthusiasmus der Einzelnen spielen solle. Nicht selten schwingt da eine Haltung mit, die irgendwo zwischen romantisch und elitär anzusiedeln ist und jedenfalls schlecht zu unserem gewissermaßen ordinären Demokratiebegriff passen will, der glücklicherweise keinen Unterschied macht zwischen Kundigen und Unkundigen, zwischen Teilnehmenden und Teilnahmslosen. „Nur wer an der Welt wirklich interessiert ist, sollte eine Stimme haben im Gang der Welt", verlangt Hannah Arendt. Auf den ersten Blick verständlich, dass Kretschmann eine solche Sentenz unterschreiben möchte. Auf den zweiten irritierend. „Der Sinn von Politik ist Freiheit" ist noch so ein Arendtscher Kernsatz, der es ihm angetan hat. In Weltgegenden mit drückender materieller Not oder chronischer tödlicher Gewalt würde er nicht einmal verstanden. Und wäre denn andererseits in den fortgeschrittensten westlichen Ländern, wo heute bereits viele hundert Millionen in nicht ernsthaft bedrohter Freiheit leben, Politik sinnlos geworden?

Immerhin fällt in diesem Zusammenhang auf, dass Kretschmann, den alle Welt wahlweise als konservativ oder wertkonservativ etikettiert, wogegen er sich normalerweise nicht wehrt, diese Einordnung mitunter auch zurückweist. Und es vorzieht, als „liberal" angesehen zu werden. Unerwartet schließt sich auch hier ein Kreis. Er führt zurück zur Religion. Glaube, sagt Winfried Kretschmann entspannt und überzeugt, das ist „etwas, das mich befreit".

7 Von Mao zur Mitte
Auf dem langen Marsch zur Macht

HEUTIGE ZEITGENOSSEN KÖNNEN sich schwerlich eine auch nur einigermaßen zutreffende Vorstellung vom Verlauf vieler grüner Parteitage in den ersten zwei Jahrzehnten nach der Gründung anno 1980 in Karlsruhe machen. Wären sie Augen- und Ohrenzeugen der erbarmungslosen Schlachten gewesen, die dort geschlagen wurden – die allermeisten Menschen hätten wohl spornstreichs das Weite gesucht und den Streithähnen sowohl die Kinderstube rundheraus abgesprochen als auch jegliche politische Zukunft.

Die internen Feindseligkeiten hatten objektive Ursachen, und deren wichtigste lag in dem schlichten Umstand, dass die politisch und weltanschaulich unterschiedlichsten Gruppierungen die neue Partei für ihre je eigenen Zwecke zu instrumentalisieren versuchten. Das Spektrum der Anhänger dieser „Wirtstier-Strategie" reichte von rechtskonservativ bis linksaußen, also von seltsamen Hohepriestern der heimischen Scholle über Naturliebhaber und Anarchos bis hin zu Vertretern sogenannter „Bunter Listen", zu Ökosozialisten und nicht zuletzt zu Kommunisten. Dazwischen tummelten sich ferner Anthroposophen und Wanderfreunde, Natur- und Tierschützer, Friedensaktivisten und frühere Sozialdemokraten, die von der SPD des Bundeskanzlers Helmut Schmidt, der sowohl Atomkraftwerke befürwortete als auch die sogenannte Nachrüstung, hinreichend enttäuscht oder gar abgestoßen waren. Hinzu gesellten sich ferner entschlossene Feministinnen und so genannte Basisdemokraten, die das wesentliche Erbe der 1968er-Bewegung in diversen Rätemodellen sahen. Viele von ihnen waren auf die seltsame Idee verfallen, bei einer Partei mitzumachen, die zwar bei Wahlen antreten und im Erfolgsfall auch in die Parlamente einziehen, dort aber lediglich als verlängerter Arm und Lautsprecher jener außer- und nicht selten antiparlamentarischen Kräfte agieren sollte. Am ehesten ernst zu nehmen – und im Längsschnitt der Parteigeschichte auch die zähesten und erfolgreichsten – waren jene, die unter dem Eindruck der Warnungen des „Club of Rome" vor den Folgen einer ungezügelten weltweiten Wachstumsökonomie standen. Dessen pessimistischer Bericht „Die Grenzen des Wachstums" war zu einem Bestseller und Gegenstand zahlreicher, meist beifälliger Betrachtungen in Zeitungsspalten und auf einschlägigen Kongressen geworden. Nicht zu vergessen war auch Herbert Gruhl, ein abtrünniger Bundestagsabgeordneter aus Helmut Kohls CDU, dessen Buch „Ein Planet wird geplündert" seiner Leserschaft die Augen für das große Zukunftsprojekt Ökologie geöffnet hatte.

Eine gewisse Spannbreite war und ist ja bei bundesrepublikanischen Parteien nicht unüblich. Robuste Vertreter von Kapitalinteressen und Fürsprecher von Arbeitnehmern wohnen traditionell leidlich friedlich unterm weiten Dach der Union, bei der SPD ist die Parteilinke seit eh und je an Streit und Kompromiss mit den rechten Seeheimern gewöhnt, die früher „Kanalarbeiter" hießen. Die

Grünen allerdings trieben es anfangs entschieden zu weit mit der Vielfalt. Für die Öffentlichkeit und die Medien sichtbaren Ausdruck fanden die internen Spannungen und unüberwindbaren Konflikte, die Intrigen und Machtkämpfe regelmäßig auf den sogenannten Bundes- beziehungsweise Landesdelegiertenkonferenzen. Der Begriff „Parteitag" wurde gescheut, schließlich hatte zusammen mit Petra Kelly eine beachtliche Fraktion die Parole ausgegeben, es handle sich bei den Grünen um eine Anti-Parteien-Partei. Solche Veranstaltungen waren ein überaus lebendiger, teilweise aber auch schockierender Anschauungsunterricht für den Versuch der Bezwingung des jeweiligen Gegners mit nahezu sämtlichen Mitteln diesseits der Grenze zu physischer Gewalt. Schreiduelle, ganze Salven von Geschäftsordnungsanträgen oder Forderungen nach erneuter Abstimmung, manipulierte Rednerlisten und Auszählungen, chaotisches Durcheinander beim Tagungspräsidium, zielgerichtete Verwicklung des oft heillos überforderten Delegiertenvolks in einen Wust von Zusatz- und Änderungsanträgen sowie konsequentes Ignorieren präsidialer Ermahnungen nach abgelaufener Redezeit waren an der Tagesordnung. Die Grenzen zur Selbstzerfleischung wurden fließend, Fritz Kuhn, später Motor und Hirn der Realos, sprach im Rückblick von Umgangsformen, „denen man sich nur unter Umgehung der Tierschutzgesetzgebung für längere Zeit" habe aussetzen können. Viele Grüne der ersten Jahre empfanden diese Sorte Streitkultur als allzu schmerzhaft und traten aus.

Exemplarisch verlief der Gründungskongress der Bundespartei im Januar 1980 in Karlsruhe. Eine exaltierte Veranstaltung, bei der Linksextremisten und K-Gruppen vor allem aus Hamburg und Berlin mit allen Tricks und Drückermethoden das Recht durchsetzten, sowohl Mitglied bei den Grünen zu sein als auch in ihren eigenen, sektenähnlichen Parteien. Die Energien, die die einzelnen Gruppen und Grüppchen in das spannungsreiche Kraftfeld in der Karlsruher Stadthalle mitbrachten, waren enorm. Die fast tausend Delegierten aus dem ganzen Bundesgebiet mitsamt dem permanenten Auf und Ab des Erregungspegels dieser beiden Tage schufen eine selbst für abgebrühte journalistische Beobachter außergewöhnliche Atmosphäre. Allerdings läuteten nachher die meisten Vertreter sogar des linksliberalen Medienspektrums, die durchaus für grüne Grundgedanken wie Kritik am Wachstumsfetischismus, an Atomkraft oder manchen Erstarrungen des Politikbetriebs aufgeschlossen waren, nach diesen Zumutungen der Partei das Totenglöcklein, noch ehe sie den Kreißsaal verlassen hatte. Ganz abgesehen davon, dass sie auf längere Frist der SPD zutrauten, doch noch solche gewichtigen Themen aufzunehmen – die Verblüffung war groß, als sie beobachteten, wie die Grünen hingebungsvoll Nabelschau betrieben mit ihren Debatten darüber, ob jemand zugleich ein Parteiamt haben und Abgeordneter sein dürfe, wie schnell ein Abgeordneter wieder aus dem Parlament hinaus rotieren müsse und dass ein Parteivorsitzender wenn überhaupt möglichst wenig Geld für seine Arbeit bekommen solle. Mit alldem sollte verhindert werden, so die grüne Theorie, dass grüne Berufspolitiker wie die der anderen Parteien ihren Eigennutz verfolgen. Kritisch ließe sich aber auch sagen, dass da fern aller Theorie ganz praktisch eine Menge Neid und destruktive Missgunst im Spiele waren.

Nach Karlsruhe schrieb jedenfalls Robert Leicht in der „Süddeutschen Zeitung" von einem „Scherbenhaufen". Sein Fazit: „Diese Partei kann nicht zur Reform, sie kann nur ins Abseits führen." In der „Zeit" stimmte Horst Bieber ein: „Karlsruhe hat die Untauglichkeit und Unverantwortlichkeit der grünen Bewegung bewiesen." Und im „Spiegel" wusste DDR-Autor Rolf Schneider: „Die Grünen wird das Schicksal aller vierten und fünften Parteien ereilen, deren es in der Bundesrepublik schon etliche gab: mit kleiner Klimax, ein paar Parlamentariern und baldigem Ende. Leider wird dieser Untergang auch das allgemeine Problembewusstsein für Umweltfragen beschädigen, vermutlich irreversibel."

An vielen solchen Auseinandersetzungen war Winfried Kretschmann intensiv beteiligt. Sein Motiv, die Partei mitzubegründen, hatte gelautet: „Aus Liebe zur Natur." Damit stand er nicht im Zentrum, sondern eher am Rande der Grünen. Und entgegen einer verbreiteten, aber falschen Geschichtsschreibung war auch der Landesverband Baden-Württemberg anfangs keineswegs eine Ansammlung eher braver Realisten mit maßvollen Ansichten über den Veränderungsbedarf der bundesdeutschen Gesellschaft. Eines der eklatantesten Beispiele lieferte der November 1983, als sich die baden-württembergischen Grünen immerhin schon vier Jahre nach ihrer Gründung im Konstanzer Konzil versammelten, einem historischen Gebäude, in dem anno 1415 die römische Kirche durch das Votum ihrer Bischöfe den tschechischen Kirchenreformer Johannes Hus als Ketzer gebrandmarkt und, da er sich den geistlichen Herren nicht unterwerfen wollte, dem Scheiterhaufen übergeben hatte. Natürlich würde der geschichtsbewusste Kretschmann niemals Parallelen zwischen seinem und dessen Schicksal ziehen; dennoch kam ihm der Gedanke an Hus nicht nur einmal.

Mittlerweile war er Sprecher der sechsköpfigen Grünen-Gruppe im Stuttgarter Landtag geworden. Und zugleich als Zugpferd für die in vier Monaten anstehende Landtagswahl auserkoren. Statt ihm aber Rückendeckung zu geben, wie das so kurz vor einem Urnengang bei anderen Parteien üblich war und heute längst auch bei den Grünen Brauch ist, stürzten sich viele der über 300 Delegierten in eine regelrechte Bataille mit dem ungeliebten, aber prinzipienfesten Pragmatiker, der später das Etikett eines „Super-Realo" verpasst bekommen sollte. Es begann damit, dass die Sprecherin des Landesvorstands die CDU-Regierung des Lothar Späth als „Helfershelfer des Atomkriegs" geißelte und speziell Kultusminister Gerhard Mayer-Vorfelder vorwarf, er betreibe in den Schulen so etwas wie „ideologische Kriegsvorbereitung". Mayer-Vorfelder, rotes Tuch für unzählige Linke und Liberale hierzulande, rühmt Kretschmann bis heute dafür, dass der ihn sogleich „allerheftigst" gegen solche Unterstellungen in Schutz nahm. Das damalige Auditorium allerdings belohnte den Dissidenten mit einem gellenden Pfeifkonzert.

Vollends tumultuarisch wurde es bei der Beratung des Antrags, ein der Vergewaltigung bezichtigter Mann müsse nicht überführt werden, sondern selbst seine Unschuld belegen. Gegen diese rechtliches Denken verhöhnende Beweislastumkehr musste Kretschmann umso leidenschaftlicher opponieren, als kurzerhand allen Männern „das Recht" abgesprochen wurde, „über solche Fragen zu urteilen"; auch dies eine erstaunliche Abkehr von tragenden Grundsätzen zivilisierter Juristerei. Dass der stimmgewaltige Stuttgarter Rechtsanwalt und Landtagskandidat Rezzo Schlauch dem erregten Kretschmann beisprang, stachelte die „feministischen Wühlmäuse", wie sich die Anstragstellerinnen selber nannten, erst recht an. Sie erstürmten die Bühne, skandierten „Auf die Dauer / hilft nur Frauenpower" und äußerten schließlich in einer „persönlichen Erklärung" – ein überaus beliebtes Kampfinstrument auf grünen Parteitagen – ihr Bedauern, dass man die Macht nicht habe, Kretschmann „weniger exponierte Aufgaben" zu übertragen, im Klartext: ihn als Gruppensprecher im Landtag abzusetzen.

Außenseiter ist Kretschmann freilich auch dort. Im März 1981, fast auf den Tag genau drei Jahrzehnte vor dem Wahlsieg, der ihn in die Villa Reitzenstein befördern wird (der Gedanke daran hätte seinerzeit im Hohen Hause einerseits interfraktionelles Entsetzen bewirkt, andererseits Lachstürme), debattiert der Landtag anlässlich von Hausbesetzungen über das Thema Gewalt. Mit Kretschmann spricht ein Unangepasster, der seinen Zuhörern mit Offenheit, Entschiedenheit und Humor ins Gewissen redet. Jedoch sind die Ohren, denen er predigt, so gut wie taub. Für die meisten Abgeordneten der anderen Parteien, speziell die der CDU, sind er und seine fünf grünen Kollegen eher lästige Eintagsfliegen und Sendboten einer fremden Welt. Zur Veranschaulichung einige Auszüge aus dem Landtagsprotokoll:

K.: Es hört doch niemand auf einen: das weiß ich aus meiner Studentenzeit, wo ich Politik gemacht habe. Erst wenn man mal ein Ei oder einen Farbbeutel auf einen Professor wirft – siehe, auf einmal ist die Presse da. (Zurufe von der CDU) Ich habe niemals ein Ei auf einen Professor geschmissen, schon gar nicht einen Farbbeutel. Das hätte ich mir nicht erlaubt. Dazu bin ich zu gut erzogen (...) Wenn Grundrechte in ihrer Substanz gefährdet werden, dann sind auch wir zu Regelverletzungen bereit. Wir tun es auch deshalb, um den Draht zur Jugend nicht abzuschneiden. Ich sage Ihnen ganz ehrlich: Auch für mich wird es schwieriger, mit bestimmten Teilen der Jugend ins Gespräch zu kommen. (Abgeordneter Leicht, CDU: Hoffentlich!) Und auch ich muss mir sagen lassen: Du hockst deinen Hintern im Parlament breit, schiebst acht Riesen ein und führst hier die große Lippe! (Heiterkeit bei FDP und CDU) Glauben Sie bloß nicht, dass wir es leicht haben. Glauben Sie bloß nicht, dass meine Kollegen einfach so geschwind nach Brokdorf gefahren sind. Und wir hatten auch selber Angst. Wir stehen in solchen Auseinandersetzungen im Feuer, kriegen Knüppel von oben und von unten – (Zuruf von der CDU: Recht so! Abgeordneter Leicht: Wären Sie zu Hause geblieben!) und versuchen, unser Bestes zu geben. Und Sie stehen dann hier hin und halten schwülstige Reden über den Rechtsstaat (...) Wir sind eine radikale Partei. Wir sind der Ansicht, dass man eine Politik machen muss, die die Probleme an der Wurzel löst und die nicht versucht, sie an den Symptomen zu lösen und gar noch mit Gewalt. Dann kommen wir weiter und dann kommen wir mit der Jugend ins Gespräch."

Konstanz, zweieinhalb Jahre danach, wurde zum prägenden Erlebnis für Kretschmann. Auch ohne den Auftritt der Frauen, hatte er vor Medienvertretern bekannt,

„steht mir der Laden bis da oben hin". Er sei demontiert worden, erkenne sich in den verabschiedeten Programmtexten nicht wieder und stehe nun vor der Alternative, entweder zurückzutreten oder nach der Devise „der Parteitag beschließt und wir machen die Politik" zu verfahren. Im Rückblick bekennt er, dass ihn damals mehrfach der Gedanke beschlich, die Partei zu verlassen. Zu offenkundig strebte der fundamentalistische Flügel mit seinen diversen Unterabteilungen in eine gänzlich andere Richtung als er. Schon allein das rein instrumentelle, fast zynisch zu nennende Verhältnis vieler Grünen zum Parlamentarismus stieß ihm bitter auf. Ein Streitgespräch zwischen ihm und einem Mitarbeiter der damals noch dezidiert linksalternativen Berliner „taz" – es erschien im Mai 1984, wiederum ein halbes Jahr nach Konstanz – bringt die Gegensätze zwischen dem überzeugten Reformpolitiker und einem fundamental anderen Parlamentarismusbegriff so unverstellt auf den Punkt, dass es nachgerade als Dokument der Zeitgeschichte gelten kann. Und es zeigt die Spannweite der Positionen, die einer wie Kretschmann vertrat:

taz: Die Kandidatur der Grünen resultierte doch aus der Überlegung, dass man den außerparlamentarischen Weg allein für nicht erfolgversprechend ansah und die Repräsentanz im Parlament eben auch zur Stärkung dieser außerparlamentarischen Bewegung nutzen wollte. Also zur Propagierung von politischen Vorstellungen.

K.: Das lehne ich ab. Da liegt einfach eine Differenz vor. Ich lehne es ab, das Parlament als Tribüne zu benutzen. Ich hab kein so denunziatorisches Verhältnis dazu. Wenn ich dort reingehe, arbeite ich dort ernsthaft mit, und das heißt, ich akzeptiere im Prinzip die Regeln. Soweit ich das nicht tue, kritisiere ich sie und mache andere Vorschläge dazu. Mein Politikverständnis ist evolutionär. Ich akzeptiere die Verhältnisse so, wie sie sind, ich begebe mich hinein und baue daran weiter. Ich hab nicht das neue Modell, die Alternativen, die große –

taz: Das neue Modell fehlt dir nicht nur, sondern du hast jegliches Bemühen darum aufgegeben (...). Wann ist denn für dich die Unterwerfung unter dieses parlamentarische Ritual beendet, wo ist die Grenze?

K.: Das ist doch kein Ritual. Das sind doch Suggestivfragen, die du hier stellst.

taz: Das Ritual der Fensterreden zum Beispiel.

K.: Das brauchen wir doch nicht machen. Es zwingt uns doch niemand dazu. Wir haben uns bemüht, keine Fensterreden zu halten. Hier wird dem Parlamentarismus was in die Schuhe geschoben, was ausschließlich an unserer Fünf-Prozent-Repräsentanz dort hängt. Niemand zwingt dich dazu, dich dort wie ein abgefuckter Sack zu benehmen.

taz: Was du zum Parlamentarismus gesagt hast, führt mich zu folgender These: Es konnte dem parlamentarischen System gar nichts Besseres passieren, als Politiker deiner Couleur in die Parlamente zu bekommen. Ihr seid die innovative Kraft dieses Systems, die frische Blutzufuhr, an der es gemangelt hat. Was in deinem Konzept allerdings nicht mehr vorhanden ist, ist die Vorstellung von Wählern, die mit ihrer Stimme jene bis ins Parlament befördern, die für etwas Sand im Getriebe sorgen. Das Gegenteil scheint mir der Fall. Du bist das Öl, das die Maschine am Laufen erhält.

K.: Nee, wir wollen weder Sand noch Öl dort reingießen, sondern ein anderes Getriebe."

Der letzte Halbsatz dürfte Kretschmann misslungen sein – zweifelsfrei wollte und will er kein anderes Getriebe, sondern dass das Getriebe andere, aus seiner Sicht bessere Ergebnisse produziert. Jedenfalls gab er am Tag nach dem Showdown in Konstanz bekannt, dass er zur Landtagswahl nicht antreten werde: „Ich habe die Kraft nicht mehr, noch mal vier Jahre solche starken Konflikte durchzustehen, ich bin zerschlissen." Zudem behindere seine Kandidatur die parteiinterne Durchsetzung seines pragmatisch-reformpolitischen Kurses wohl eher, als hilfreich zu sein, also werde und wolle er die eigene Person zurückstellen.

Noch im Abgang attackierte er freilich seine beiden Hauptgegner, den Tübinger Ali Schmeißner und den Karlsruher Uli Tost. Sie, rhetorisch gleichwertig und beseelt von einem klaren systemkritischen und antikapitalistischen Ansatz, verfügten damals über einen beträchtlichen Anhang in Baden-Württemberg. Einige Jahre danach verließen sie die Partei, noch vor bundesweit bekannt gewordenen Größen des Fundi-Flügels wie Jutta Ditfurth oder Rainer Trampert. Schmeißner als tragische Figur, die Gelder des Tübinger Studentenwerks in Spielcasinos zweckentfremdet hatte, Trost als Repräsentant einer dezidiert linken Strömung, der im Kräftemessen mit den Realos um Fritz Kuhn und Rezzo Schlauch die Felle allmählich davongeschwommen waren. Ihr späteres Scheitern nahm Kretschmann, als er für diesmal das Handtuch warf, vorweg: „Ich bin zu einem Feindbild geworden, an dem sich mancher hochziehen konnte, der sonst in dieser Partei keinen Fuß mehr auf dem Boden hätte."

Der Versammlung von Konstanz war im übrigen ein Ereignis vorangegangen, das bundesweit sowohl in der Partei als auch in der Öffentlichkeit für Aufregung gesorgt und bei dem Kretschmann als Kommentator von außen Öl ins Feuer gegossen hatte – wofür er von allen Seiten mächtig Prügel bezog. Frank Schwalba-Hoth, Landtagsabgeordneter in Wiesbaden und linksorientiert wie die damalige Mehrheit der hessischen Grünen, hatte sich Anfang August 1983 bei einem Empfang für die 50 Kommandeure der in Hessen stationierten US-Streitkräfte auf den amerikanischen General Paul S. Williams gestürzt und ihn mit Blut bespritzt, eine Aktion, mit der er gegen die Politik der USA in Nicaragua protestieren wollte. Während weite Teile der Grünen die Tat als symbolische Zeichensetzung gegen US-amerikanischen Imperialismus und Kolonialismus verstanden und billigten, war für Kretschmann hier die Grenze des Zulässigen weit überschritten: eine „nicht zu überbietende Geschmacklosigkeit" und eine „Pathetik, die nicht hingenommen werden darf", im Kern jedenfalls eine schwere Verletzung der Menschenwürde. Sollten sich die Grünen davon nicht distanzieren, müsse er überlegen, „ob ich noch in diese Partei gehöre". Das Echo zeigte deutlich, wie randständig seine Position war. Tadel kam vom Bundeshauptausschuss der Grünen, immerhin höchstes Beschlussorgan zwischen den Bundesdelegiertenkonferenzen, vom Bundesvorstand, der Erschütterung darüber äußerte, dass Teile der Friedensbewegung sich von Schwalba-Hoths Aktion absetzten, von einer ganzen Riege namhafter Vertreter des ökosozialistischen und pazifistischen Flügels. Torsten Lange, zuvor kurzzeitig Sprecher des Landesvorstands in Stuttgart, teilte Kretschmann mit, er sei in Sachen Parteimitgliedschaft ausnahmsweise mit ihm einig. Sein Austritt komme „je schneller, je besser". Schließlich hätten Menschen wie Williams „das Blut von ermordeten Vietnamesen als Orden auf ihrer Brust kleben". Eine mittlere Position nahm Joschka Fischer ein, damals parlamentarischer Geschäftsführer der Grünen-Bundestagsfraktion: Man solle, sagte er, einerseits „das staatstragende Krokodilsgeweine" über die Blutspritzer auf einer Generaluniform nicht überbewerten. Andererseits gehe die Glaubwürdigkeit der Grünen „schon mit Kleinigkeiten" verloren, wenn die politischen und moralischen Grenzen des gewaltfreien Widerstandes nicht sehr sorgfältig diskutiert würden. Der eigene Landesvorstand warf ihm vor, er habe Teile der Partei ausgegrenzt und deren Spaltung herbeigeredet.

Unzweifelhaft waren hier, in den Anfangsjahren einer Partei, die sich ganz überwiegend dem Pazifismus verschrieben und gegenüber den USA eine vor allem aus den Zeiten des Vietnamkriegs herrührende eindeutig kritische Position bezogen hatte, Grundfragen berührt. Dazu zählten das Thema Krieg und Frieden und das Prinzip der Gewaltfreiheit, das die Grünen der Anfangsjahre sogar ins emblematische Quartett ihrer Leitlinien aufgenommen hatten: „Basisdemokratisch – ökologisch – sozial – gewaltfrei." Für Kretschmann fiel das unbeschränkt pazifistische Bekenntnis unter die Kategorie der Lebenslügen der Partei. Ein grundsätzlicher Verzicht auf den Einsatz militärischer Mittel schien ihm schon im Rückblick auf die Befreiung Nazi-Deutschlands durch die Alliierten eine unredliche Forderung.

Die Wortwahl, mit der er öffentlich seinen Standpunkt klarmachte, zeigt, wie Kretschmann verbal zulangen konnte: „Ich bin von zu Hause aus kein Pazifist, habe den Kriegsdienst nicht verweigert und bin schon von Natur aus ein Typ, der sich verteidigt und dem anderen dabei auch mal eine in die Fresse bügelt."

An dieser Stelle sei geschildert, wie Parteifreunde vom linken Flügel Kretschmann empfanden. Christine Muscheler-Frohne, im ersten Landesvorstand der Partei und später Mitglied der Landtagsfraktion, Lehrerin und Zahnarztgattin, wie ihre Widersacher gern hinzufügten, war eine Art Gottseibeiuns für die Realos. Dass er jetzt Ministerpräsident werde, darüber freue sie sich schon, sagt sie. Aber ein Witz sei das doch: ausgerechnet den, der immer solche Angst gehabt habe vor Basis und Bürgerinitiativen, haben die vielen gewöhnlichen Bürger, siehe Stuttgart 21, ins Amt befördert. Im übrigen sei er Oberrealo geworden, weil er auf die Dauer nicht Außenseiter sein wollte und böser Bube im katholischen Elternhaus, zumal nach der „Jugendsünde mit Mao". Mit der Erinnerung kommt ihr Zorn zurück aus den alten Zeiten: „Kein Rückgrat", lautet die Diagnose, Kretschmann wolle everybody's darling sein, dafür habe er sogar Parteifreunde diffamiert. Einmal, als es um den Export von Giftgas einer Firma in Lahr nach Libyen ging, hat sie mit einem Abgeordnetenkollegen im Plenarsaal ein Transparent entfaltet: „Bei jeder Waffenschieberei / ist Baden-Württemberg dabei." Danach gab es ein internes Strafgericht, unter Mitwirkung von Kretschmann. Angekündigt hatten die beiden die Aktion nicht – „sonst hätte man sie uns ja untersagt". Immerhin, zu ihrem runden

Geburtstag vor einiger Zeit bekam sie einen Brief von Kretschmann, in dem er schreibt, man sei ja nun nicht immer einer Meinung gewesen.

Was hatte es mit jener „Jugendsünde mit Mao" auf sich? Als Winfried Kretschmann Anfang der Siebzigerjahre nach Stuttgart-Hohenheim kommt, um an dieser kleinen Universität auf der grünen Wiese am Stadtrand Biologie und Chemie zu studieren, da dauert es nicht lange, bis der Katholik aus Oberschwaben, der junge Mann aus dem christlich-demokratischen Elternhaus, sich dem KBW anschließt, dem Kommunistischen Bund Westdeutschlands. Der KBW ist eine Truppe, die das orthodox-doktrinäre Sowjetmodell ablehnt und stattdessen eine seltsame Vorliebe für den fernen Vorsitzenden im Reich der Mitte hegt und für seine Utopie von der permanenten Revolution der Volksmassen. Der linksradikale Gestus gelingt allerdings nicht immer besonders eindrucksvoll. In Berlin, wo das Hauptquartier des KBW sitzt mit dem Oberhaupt Joscha Schmierer, der drei Jahrzehnte später als außenpolitischer Experte bei Frank-Walter Steinmeier arbeitet, ist man unzufrieden mit den Hohenheimer Genossen: Da sei ja im Vergleich, heißt es einmal, der Ring Christlich-Demokratischer Studenten (RCDS) den Herrschenden noch unbequemer.

Kretschmann bleibt zwei Jahre, über die er nicht allzu gern spricht und die er summarisch als schweren Irrtum in mehrfacher Hinsicht charakterisiert. Als es vorbei ist, anno 1975, was wie oft im Leben auch mit ganz persönlichen Dingen zu tun hat – eine Frau namens Gerlinde, eine Schwangerschaft, die gewöhnlichen Probleme eines Alltags, der bewältigt werden will –, da wird ihm diese Episode zu einer Lektion, die lebenslang vorhält. Zur traumatischen Erfahrung, wie sich etwas pathetisch auch sagen ließe. Die Rechthaberei, das Sektierertum, die Verachtung für die Demokratie und ihre Institutionen – im Nachhinein schüttelt es ihn. Aber lehrreich abschreckend ist auch diese Erfahrung der Ohnmacht. Sie zeigt ihm, wie es ist, wenn die eigene Perspektive auf die Welt so himmelweit entfernt ist vom Denken und Fühlen derer, die doch erreicht und belehrt werden sollten: „Wenn ich die Zeugen Jehovas sehe", sagt er viele Jahre später, „denke ich: Auf dem Niveau warst du auch mal. Ich stand mit der ‚Kommunistischen Volkszeitung‘ in Esslingen vor dem Betrieb, aber niemand wollte sie kaufen, bis auf einen – der nahm sie aus Mitleid."

Bei den Grünen wissen viele von Kretschmanns maoistischem Intermezzo. Er verheimlicht es nicht, nennt es seit Langem „meine kommunistische Verirrung". Und teilt die Jugendsünde mit ehrenwerten Zeitgenossen: Ulla Schmidt, die spätere Gesundheitsministerin der SPD, war ebenso mit von der KBW-Partie wie der spätere Grünen-Vorsitzende und heutige Europa-Abgeordnete Reinhard Bütikofer, wie Ralf Fücks, der Chef der Heinrich-Böll-Stiftung, wie Krista Sager, die Reala aus Hamburg, die auch schon Chefin der Grünen auf Bundesebene war, wie Gerd Koenen, der als Autor die radikalen Vergangenheiten der deutschen Linken aufarbeitet, wie Winfried Nachtwei, der als Militärexperte der Grünen im Bundestag bis 2009 mit dafür sorgte, dass die Grünen sich mit dem Afghanistaneinsatz der Bundeswehr arran-

gierten. Oder sogar wie Antje Vollmer, die protestanti-
sche Pfarrerin, die dann auch zu den Grünen fand und
eine überparteilich geschätzte Vizepräsidentin des Deutschen Bundestags wurde.

Nicht nur Parteifreunde wie Christine Muscheler-Frohne
neigen zu der Ansicht, dass Kretschmanns weiterer poli-
tischer Lebensweg auch als Versuch begriffen werden
muss, aus solchen Erfahrungen Schlussfolgerungen zu
ziehen. Sie zu verarbeiten, um nicht zu sagen: die Jugendsünde wiedergutzumachen. Auch dezidierte grüne
Realos sind überzeugt, dass die Entschiedenheit, mit
der Kretschmann in späteren Jahren linke Träumereien
bekämpft – jedenfalls solche, die er dafür hält – ihre
Wurzeln in diesem Lebensabschnitt hat.

Dass jedenfalls bei den ständigen Konflikten zwischen
Realos und Fundamentalisten in der Anfangsphase der
Grünen auch in Baden-Württemberg Leidenschaften auf-
flammten und der alte Streit um das Verhältnis zwischen
politischen Zielen und den notwendigen respektive zulässigen Instrumenten wieder auflebte, ist nur allzu
verständlich. Wie sehr sich aber in der Folgezeit die in-
nerparteilichen Konfliktlinien innerhalb der Grünen verschoben und Alltagsprobleme ins Zentrum rückten,
zeigt das Thema, das Kretschmann nur sieben Jahre später erneut an den Rand des Parteiaustritts brachte. Es
ging um die Verbrennung von Sondermüll. Auch hier
brachen Emotionen und ideologische Differenzen auf.
„Meine Schmerzgrenze ist jetzt erreicht", sagte er der
Stuttgarter Zeitung, „entweder ändert sich die Partei
oder ich." Da mit beidem nicht zu rechnen war, ließ sich

das führende Blatt der Landeshauptstadt im Kommentar nicht lumpen: „Eine Trennung steht unmittelbar bevor. Der stets streitbare Landtagsabgeordnete Winfried Kretschmann wird die Partei demnächst wohl verlassen."

Hier nur so viel: Der Konflikt wurde beigelegt, mühsam, aber immerhin. Er trug aber dazu bei, dass selbst bei Realpolitikern und zumindest für einige Jahre ein Bild von Kretschmann entstand, das nicht immer nur schmeichelhaft war. Predigen, übertreiben, nach außen die Parole vertreten, dass grüne Politik „die Menschen abholen muss", aber nach innen nicht integrativ auftreten, sondern konfrontativ, ein bisschen viel Freude an der Rolle des einsamen Rufers – auch solche Bewertungen werden vorgenommen, jedenfalls im Rückblick. Der rote Faden: Winfried Kretschmann verfügte über eine ordentliche Portion Rauflust, und wenn er eine Gelegenheit sah, in Diskussionen verstrickte Parteifreunde darüber aufzuklären, dass die ganze Frage falsch gestellt war, dann habe er sich eine solche nicht gern entgehen lassen. So heißt es bei Insidern. Soweit es sich bei ihnen um Aktivisten des Realoflügels handel, mag teilweise mitspielen der Ärger darüber, dass Kretschmann sich in ihre Schachzüge nie so recht hat einbinden lassen – dafür war und ist sein Eigensinn zu ausgeprägt.

Als Jutta Ditfurth und ihre Freunde die Partei in diesem Jahre 1990 die Partei verließen und die realpolitische Strömung die Oberhand gewann, durfte Kretschmann aufatmen. Jedoch blieb er streitbar. Als 1998 ein Bundesparteitag den Beschluss fasste, der Spritpreis solle auf fünf Mark ansteigen – nach und nach, im Gleichschritt mit vermindertem Spritverbrauch –, da kritisierte er nicht nur diesen Beschluss, sondern fand auch höchst harsche Worte über den Geistes- und Gemütszustand seiner Partei, bei der er „frevelhaften Übermut, Verfremdung und Überheblichkeit" ausmachte. Dies dürfte sein letzter prinzipieller Einspruch gegen die großen Linien der Partei gewesen sein. Der gelernte Außenseiter war nicht nur längst in der Gesellschaft angekommen, sondern nun auch in der Mitte der Grünen.

Es gibt Weggefährten, die über ihn sagen, er sei einer, der die Partei mehr verändert hat als sie ihn.

8 Dagegen und Dafür
Ja und Nein in der Demokratie

WOHER KOMMEN, WOHIN gehen? Für die Grünen, die die Wählerschaft am 27. März 2011 in Baden-Württemberg in die Regierungsverantwortung geschickt, sind Verankerung und Bodenhaftung von Anfang an besonders wichtig. Für jene aus den städtischen Milieus, aus Freiburg, Tübingen, Konstanz oder Heidelberg, aus dem Stuttgarter Süden, wo die Partei mehr als 46 Prozent der Stimmen gewann, vor allem aber für jene vom Land. Es gibt eine lange Tradition grüner Übergriffe auf die ländliche CDU-Stammklientel. Dora Flinner zum Beispiel die Langzeitwählerin der Union, wechselte nicht nur gleich nach der Gründung zu den Grünen, sie wird auch 1980 Gemeinderätin und sieben Jahre später sogar Bundestagsabgeordnete. Oder Rezzo Schlauch, der nach einem alten Ritter getaufte Pfarrerssohn aus dem hohenlohischen Bächlingen, der schon in den Achtzigerjahren nicht nur kleine, sondern auch große Hinterzimmer füllt, wenn er in der alten Heimat auftritt. Oder Reinhold Pix, der Ökowinzer aus Ihringen, der 22 Jahre lang im Gemeinderat sitzt, bis er 2006 in den Landtag wechselt. Fünf Jahre später kickt er in seinem Wahlkreis Freiburg I den CDU-Abgeordneten aus dem Parlament. Oder Martin Hahn, der Bodensee-Bauer, der 1983 die „Freie Grüne Liste Überlingen" gründet und 28 Jahre später in den Landtag von Baden-Württemberg einzieht.

Wohin gehen, woher kommen? An diesem kalten Morgen aus Assamstadt im Main-Tauber-Kreis. Es ist noch dunkel, als die Busse losfahren ins 130 Kilometer entfernte Karlsruhe. „Wider das Verbrechen an unserer Heimat", steht auf einem der mitgeführten Plakate. Bauern und Journalisten sind bunt gemischt. Die Stimmung ist es auch. Die einen beschäftigt, was sie vor dem Bundesverfassungsgericht erwartet, die anderen das Bonner Polit-Erdbeben vom Vortag: Am 23. März 1987 ist Willy Brandt als SPD-Chef zurückgetreten, weil er eine junge Griechin nicht als Parteisprecherin durchsetzen konnte. Die Journalisten diskutieren. Viele Bauern und Bäuerinnen schweigen angespannt. Sie kämpfen seit Jahren gegen ein Großprojekt, sie haben nur noch eine Chance und nicht viel Hoffnung. Dora Flinner, Bundestagsabgeordnete seit wenigen Wochen, erzählt im breiten Dialekt der Region vom Schulterschluss mit den Grünen, die bald nach ihrer Gründung aktiv geworden sind in ihrer Heimatstadt Boxberg, wo Daimler-Benz einen elf Kilometer langen Rundkurs als Teststrecke auf besten Ackerboden bauen will. Symbol der 1979 gegründeten Genossenschaft ist der Bundschuh, in Erinnerung an die Aufständischen der Bauernkriege im 15. und 16. Jahrhundert. Dora Flinner sagt, warum sie gegen die Teststrecke ist, gegen Raketen und gegen Atomkraft: Sie will die Schöpfung bewahren. Wie alle ihre Mitstreiter. Als die Richter Stunden später die Enteignung ihrer Äcker und Höfe für verfassungswidrig erklären, weinen viele.

Winfried Kretschmann hatten die Ungerechtigkeiten im Umgang mit den direkt Betroffenen schon fünf Jahre zuvor im Landtag auf die Palme gebracht. Im März

1982 versucht es – wieder einmal – der Pädagoge. Er, Bundschuh-Mitglied seit langem, rechnet vor, dass das Großprojekt 500 Hektar guten Ackerboden zerstören würde. Auf dem könnten 2500 Tonnen Getreide wachsen, was wiederum Vollkornbrötchen im Marktwert von 17 Millionen Mark entspräche. Bei Gemüseanbau könnten sogar 75 Millionen Mark erwirtschaftet werden. Er rechnet hoch und vergleicht, er veranschaulicht und ordnet ein, lässt sich auch durch zunehmendes Lärmen und Stören aus CDU-Reihen („Das ist die Geschichte von kleinen Moritz, die Sie hier verzapfen!") nicht aus der Ruhe bringen, er lobt die Bauernschaft in ihrem „Kampf gegen zerstörerische Großvorhaben und Wachstumswahn". Weite Teile der Rede könnten auch gegen Stuttgart 21 gehalten sein.

Wenige Wochen später gerät er in Rage, wiederum wegen Boxberg. Die Grünen verlangen einen Untersuchungsausschuss, haben aber zu sechst keine Chance, ihn durchzusetzen. Niemand springt ihnen bei, auch die SPD nicht. Der Weltkonzern Daimler-Benz verspricht 900 Arbeitsplätze in einer der strukturschwächsten Regionen des Landes. Das Argument kann Kretschmann nicht überzeugen. Dieses nicht und auch sonst keines. Schon damals geht es um die Genehmigung der Bebauungspläne, um Planungen hinter verschlossenen Türen, um den Umgang mit den Menschen. „Es ist nach unserer Auffassung die Aufgabe eines Untersuchungsausschusses, einen Verdacht zu untersuchen, denn sonst bräuchte man keinen Untersuchungsausschuss", sagt er und bringt eine wahre Redeschlacht in Gang. „Wenn Sie außerhalb dieses Hauses so vorgehen, werden Sie verkloppt", tönt der spätere Finanzstaatssekretär Gundolf Fleischer. Sein Kollege Fritz Hopmeier bringt die gewaltbereite Hausbesetzerszene ins Spiel, spricht von ihrer Unterstützung durch die Grünen und unterstellt Kretschmann auch gleich noch den Wunschtraum, Baden-Württemberg unregierbar zu machen. Der aber träumt anderes. Er dekliniert herauf und herunter, dass sich „Leute wehren, wenn sie das berechtigte Gefühl haben, dass nur die, die das nötige Geld haben, sich auch durchsetzen können". Fleischer: „Jetzt hören Sie aber auf mit Ihren klassenkämpferischen Parolen!" Wiederum Kretschmann: „Ich möchte wissen, wo da die Klassen sind. Das möchte ich wissen. Wer ist da welche Klasse? Reden Sie doch keinen solchen Schmarren daher!" Dann fällt ein Wort – erstaunlich, von welcher Aktualität es heute wieder ist, eine gewisse Angela Merkel hat es benutzt, dann wurde es zum Unwort des Jahres 2010 gekürt: „Nichts ist alternativlos", sagt der Grüne, „es hätte Alternativen gegeben."

Spannend ist der Streit auch deshalb, weil die das Land allein regierende CDU eine ähnlich zähe Auseinandersetzung gerade erst hinter sich gebracht hat – ohne erkennbare Lerneffekte. Auch mit Bauern, die die Schöpfung bewahren wollen, auch mit Stammwählern, die keine mehr sein wollen. Im südbadischen Wyhl haben sie ein geplantes Atomkraftwerk verhindert, mit ausdauerndem und friedlichem Widerstand. Auch hier in den Rheinauen wuchsen die Wurzeln der neuen Partei. Im öffentlichen Bewusstsein verankern sie sich als Rebellen, als Blockierer, als Protestierer, sie sind aber hier, anders als in anderen Bundesländern, nicht mit Krawall und Gewalt zugange, wie die Gegner des Atomkraftwerks in Brokdorf oder der Startbahn West auf dem Frankfurter Flughafen. Ohne Steine- und ohne Wasserwerfer. Es ist eine Ironie der Geschichte, dass die Polizei Jahrzehnte später diese Tradition des gewaltfreien Konflikts ignoriert und ausgerechnet gegen Stuttgart-21-Gegner zu den schärfsten Mitteln greift – und damit den Boden für die Niederlage der schwarz-gelben Landesregierung bereitet.

Viele Christen fühlten sich Anfang der Achtziger aufgerufen, die neue Bewegung zu unterstützen, weltoffene katholische Pfarrer oder schwäbische Pietisten, natürlich auch viele enttäuschte Sozialdemokraten. Prominentestes Opfer der überraschenden Anfangserfolge war ausgerechnet Erhard Eppler. Er war aus Bonn an den Neckar gekommen, zerstritten mit Helmut Schmidt, um den Genossen und Genossinnen in Baden-Württemberg mit nachhaltigen Ideen Strahlkraft zu verleihen. In jenen Kreisen allerdings, die sich auch für die neue bunte Bewegung interessierten, konnte das paradoxe Wirkungen zeitigen. „Unterstützt Eppler, wählt grün", lautete ein Wahlslogan. Nach einem Landtagswahlergebnis von 32 Prozent, um das ihn seine Erben heute beneiden würden, musste er gehen – um als Vordenker mit Themen wie Atomenergie und Friedenspolitik mehr Einfluss in der SPD und darüber hinaus zu gewinnen als je zuvor. Später erinnert er sich nicht ohne Wehmut: „Es roch im Frühjahr 1980 nicht nach Wechsel. Daher konnten die vielen jungen Leute, die mich verstanden haben, getrost grün wählen. Es ging ja um nichts. Dass es für mich doch um etwa ging, nämlich um die Chance, Politik zu machen, merkten sie erst nachher." Schon damals aufgefallen ist Eppler ein „sehr besonnener, gewissenhafter, manchmal etwas umständlicher Abgeordneter". Er lobt den jungen Winfried Kretschmann als immer zuverlässig und solide, bescheinigt ihm Takt, Integrität und die Gabe des Zuhörens.

Zuhören kann und konnte der Grüne tatsächlich. Weggefährten loben sein ungebrochenes Interesse, Sachverhalte zu durchdringen, Zusammenhänge zu verstehen und seinerseits vermitteln zu können. Manchmal auch plakativ. Zu einer Debatte über eines der Megathemen Anfang der Achtziger, das Waldsterben, bringt er zwei Zweige mit ins Hohe Haus, einen gesunden und einen kranken. Er beklagt die menschengemachte schleichende Naturkatastrophe als „eine Folge der Ignoranz der verantwortlichen Politiker". Schon damals machen die Grünen konkrete Vorschläge: mit der Forderung, Emissionen und Schornsteinhöhen zu begrenzen. „Wir haben früh Politik gemacht nach dem Motto: Was wir verlangen, muss den Lackmustest einer Regierungsbeteiligung bestehen", sagt er einmal.

Da ist der Südwesten schon grüner Durchlauferhitzer. Früh ist der Landesverband erfolgreich und deshalb attraktiv für immer neue Talente, die den Grundstein für anhaltenden Erfolg nicht zuletzt in den Kommunen legen. In Baden-Württemberg wurden stabile Netzwerke geknüpft, als es den Begriff noch nicht gab. Zum Beispiel Biggi Bender: Die Düsseldorferin kam 1984 als parlamentarische Beraterin nach Stuttgart, wurde Abgeordnete, Landtagsfraktionschefin, wechselte in den Bundestag, heute ist sie – auch aus der Opposition heraus – eine der führenden Gesundheitspolitikerinnen der Republik. Zum Beispiel ferner Fritz Kuhn, der ungekrönte König des Realoflügels: 1981 wurde der Sprachwissenschaftler, dessen Eltern Vertriebene waren, parlamentarischer Berater im Stuttgarter Landtag, 1984 Abgeordneter, später Landes- und dann Bundesvorsitzender, Fraktionschef zunächst in Baden-Württemberg und dann auch im Bund. Reinhard Bütikofer kommt aus dem Landtag, war Landesvorsitzender, zwischen 2002 und 2008 der am längsten amtierende Bundesvorsitzende, heute ist er Europaparlamentarier. Sein Nachfolger in der Parteiführung, der Uracher Cem Özdemir ist seit 1981 (!) Mitglied, war im Bundestag und im Europaparlament. Willi Hoss, der 2002 verstorbene Gewerkschafter, war der Vorzeigearbeiter der Grünen, saß von 1983 bis 1985 im Bundestag, rotierte entsprechend den grünen Gepflogenheiten von damals hinaus und ging als Hochdruckschweißer wieder zurück „zum Daimler", wie die Stuttgarter sagen. 1987 zog er wieder in den Bundestag ein und verschrieb sich ab Anfang der Neunzigerjahre dem Schutz des brasilianischen Regenwalds.

Sie alle und viele andere einte die ökologische Überzeugung. Themen sind gekommen und gegangen. Manche waren schon immer da und sind geblieben, allen voran der Kampf gegen die Atomkraft. Er zieht sich inzwischen über 30 Jahre durch die Arbeit inner- und außerhalb der Parlamente. Zwölf Tage vor den Landtagswahlen legt Winfried Kretschmann gemeinsam mit der SPD einen Antrag vor, der die sofortige Stilllegung der Atomkraftwerke Philippsburg I und Neckarwestheim I verlangt. CDU und FDP stimmen dagegen, Tage später lässt Angela Merkel unter dem Eindruck von Fukushima und Meinungsumfragen diese und sechs weitere deutsche Meiler vom Netz nehmen – vorübergehend, aber bald weiß jeder, dass man sie nie wieder anfahren wird. Nach Tschernobyl war auch die baden-württembergische CDU sensibel geworden, Erwin Teufel voran. Die Grünen erlebten bundesweit einen ersten großen Aufschwung, und der „Spiegel" brachte Titelgeschichten über „die grüne Verführung". Dann aber errang die CDU 1988 vorerst ein letztes Mal die absolute Mehrheit, die Erinnerungen verblassten und mit ihnen die Bedenken. Auch weil niemand den Grünen zugestehen wollte, recht gehabt zu haben. Dabei gab es Störfälle selbst hierzulande. Zwei parlamentarische

Untersuchungsausschüsse befassten sich mit Vorgängen im AKW Obrigheim. Im Herbst 1998 prangert Kretschmann Risiken bei den heimischen Meilern an. „Dass insbesondere die beiden älteren Atomkraftwerke im Land keinerlei wirkungsvolle Sicherheit gegen Flugzeugabstürze haben, sei es durch einen Defekt oder auch einen terroristischen Akt bedingt", kritisieren die Grünen damals wie auch zuletzt zwölf Tage vor der jüngsten Landtagswahl. Obrigheim ist da schon sechs Jahre vom Netz. In den Jahren vor der Stilllegung bekommt der Partei ihr Kampf gegen den „Schrottreaktor", wie Rezzo Schlauch und die anderen ihn beharrlich nennen, gar nicht gut. Die Aufregung ist groß unter jenen, denen die EnBW als Betreibergesellschaft lange Zeit ein verlässlicher Arbeitgeber war. Und ebenso unter Atomkraftgegnern, denen der rot-grüne Ausstiegskompromiss von 2001 nicht weit genug geht. Obrigheim bekommt eine Restlaufzeit zugesprochen, viele Grüne aus der Region verlassen die Partei.

Gegen Wyhl und Boxberg, gegen die Raketendepots auf der Mutlanger Heide oder in Heilbronn, gegen neue Autobahnen, gegen Atomkraftwerke, gegen Genmais, gegen Stuttgart 21. Dagegen. Der Kampfbegriff, den die CDU im Herbst 2010 erfunden hat, unterschlägt, dass, wer gegen etwas ist, nicht immer, aber oft für etwas anderes ist. Die FDP zeichnet ihn im Wahlkampf scharf und reibt den Grünen genüsslich Kaiser Wilhelms denkwürdigen Satz unter die Nase: „Automobile werden wieder verschwinden; die Zukunft gehört dem Pferd." In dieser Tradition laufe es bei Kretschmann darauf hinaus: „Flugzeug, Auto, Eisenbahn werden verschwinden; die Zukunft gehört dem Floß." Auch so geht Parlamentarismus. Als dümmlich und zugleich gefährlich weist der Angegriffene das zurück und wirbt dann wieder für sein Credo: Jenseits der Grundentscheidungen muss es in der Demokratie in Sachfragen immer ein gutes Ja und ein gutes Nein geben. Er kann große Kaliber auffahren, wenn er sie für angebracht hält: „Wenn es kein Nein mehr gibt, landet man in der Diktatur."

Widerspruch ist ein existenzielles Element grüner Kultur. Nicht immer, aber immer öfter sind die Grünen damit in keiner Minderheitenposition mehr: Schon vor der Katastrophe von Fukushima wollten zwei Drittel der Deutschen den Ausstieg aus der Atomkraft. Wenige Tage nach der Katastrophe im fernen Japan bildet sich im Südwesten eine lang geplante Menschenkette. Auch das hat hier Tradition. 1983 reichte die Schlange der Friedensbewegten von Stuttgart bis Ulm. An diesem Samstag kommen ebenfalls mehr als erwartet. Auf dem Schlossplatz ein Handschlag zwischen den künftigen Regierungspartnern: Winfried Kretschmann trifft Nils Schmid. Eine Gruppe möchte ein Transparent mit der Forderung ausrollen, Neckarwestheim sofort abzuschalten. Kretschmann will das nicht. Dagegen sein schon, aber nicht das Leid der Japaner instrumentalisieren.

Monate vorher, auch an einem Samstag, an drei Orten drei Ereignisse, die sich später zu einem Bild zusammenfügen. Kretschmann spricht am 16. Oktober 2010 zum 30. Geburtstag der grünen Heinrich-Böll-Stiftung darüber, dass „alle Staatsgewalt vom Volk ausgeht", dass Wohlstand, Sicherheit und Freiheit als „Dreieck gesellschaftlicher Grundbedürfnisse" neu aufeinander bezogen werden müssen, um die Demokratie funktionstüchtig zu halten und große Projekte durchsetzen zu können. In Ulm beschließt die SPD zur selben Zeit ganz unaufgeregt, gegebenenfalls auch Juniorpartner bei den Grünen zu werden. Und nach Stuttgart ist Konstantin Wecker angereist, um gegen den Tiefbahnhof zu singen, für den Wechsel in Baden-Württemberg und für einen, der ihn nicht mehr erleben wird: Der Sozialdemokrat Hermann Scheer aus dem nahen Waiblingen, Solarpapst und Träger des Alternativen Nobelpreises, ein unermüdlicher Vorkämpfer für eine neue grüne Welt und für eine bessere Demokratie, ist wenige Tage zuvor überraschend gestorben. Für ihn singt Wecker ein Lied vom Widerstand. Jetzt weinen andere: ein künftiger Minister und viele grüne und rote Wähler im Regen auf dem Stuttgarter Schlossplatz.

9 Talkesseltreiben
Das Prinzip von Kosten und Nutzen

SOMMER IN DER Stadt. Einer wie keiner. Ende Juli 2010 legt CDU-Ministerpräsident Stefan Mappus in der Regierungserklärung zur nachhaltigen Entwicklung Baden-Württembergs – die Kernenergie lobend als klimafreundliche Brückentechnologie – sein Verständnis von Krisenbewältigung dar. Winfried Kretschmann argumentiert dagegen, wie schon so oft. Vor allem gegen die „Wir sind Spitze"-Parolen der CDU, er wirbt für Alternativen. Eine darf nicht fehlen: die Sanierung des Stuttgarter Kopfbahnhofs anstelle des Tiefbahnhofs. „Es ist einfach dermaßen primitiv, jemandem, der eine klare Alternative vorschlägt, zu unterstellen, er sei generell gegen die Schiene", sagt er an die Adresse der Union, „mit diesen Plattitüden werden Sie scheitern." Einer will erklären. Die anderen wollen nicht verstehen. Weder, was sich im Hohen Haus, noch was sich draußen in der Landeshauptstadt zusammenbraut.

Irgendwann am späteren Nachmittag dieses 98. Sitzungstags der 14. Legislaturperiode, zwischen der Beratung des Gesetzes zur Änderung der Vorschriften über das Wasserentnahmeentgelt und jener zur Ausführung des Zensusgesetzes 2011, hätten die Volksvertreter und Volksvertreterinnen ihre Sitzung unterbrechen können. Natürlich nur theoretisch. Hätten sie einen kleinen Ausflug zum Marktplatz und zum Rathaus gemacht, wäre

96

womöglich selbst eingefleischten Projektbefürwortern in CDU, SPD und FDP ein Licht aufgegangen. An diesem Tag erfinden auf dem Marktplatz der Regisseur Volker Lösch und der TV-Serienstar Walter Sittler den Schwabenstreich – und inszenieren ihn auch gleich. 13 Chöre, im antiken Theater tanzende und singende Begleiter der Handlung, und Tausende Demonstranten machen sich akustisch mächtig bemerkbar. Seit diesem 28. Juli 2010 findet über viele Monate hinweg alltäglich immer dasselbe statt in Stuttgart, immer um 19 Uhr, immer eine Minute lang. Auf Plätzen, an Ecken, von Balkonen herab, unten im Kessel und oben auf der Halbhöhe, in allen Vierteln der fast 600 000 Einwohner zählenden Stadt. Mit Trillerpfeifen, Kochlöffeln, Töpfen und Deckeln. Laut und nervig. Acht Monate später wird die Wahlbeteiligung in Stuttgart gut zehn Prozentpunkte über dem Landesdurchschnitt liegen, und von den vier Direktmandaten gehen drei an die Grünen.

Keine zehn Minuten Fußweg trennen die beiden Welten. Natürlich sind die Parlamentarier im Landtag geblieben. Aber das Schicksal ist (noch) gnädig, bietet den Regierenden am nächsten, dem letzten Plenartag vor der politischen Sommerpause eine weitere Chance, Entgleitendes zumindest zu begreifen. Die Grünen haben eine „Aktuelle Debatte" beantragt und fordern ein Moratorium zum umstrittenen Milliardenprojekt, auf der Basis eines vom früheren Daimler-Benz-Chef Edzard Reuter mit initiierten „Stuttgarter Appells", den zu diesem Zeitpunkt mehr als 25 000 Menschen unterschrieben haben. Winfried Kretschmann schraubt sich aus seiner Bank in der ersten Reihe, geht, wie immer leicht nach vorn geneigt, ans Rednerpult und hebt an: „Die Stimmung heizt sich auf." Er liefert Argumente dafür, das Tor zu Vernunft und Realitätssinn zu durchschreiten, er warnt vor einer Spaltung der Bürgerschaft und verlangt einen ehrlichen Dialog. Wieder einmal kämpft er gegen immer lauter werdende Zwischenrufe an. Am Ende ein echter Kretschmann: „Lassen Sie die Vernunft entscheiden. Lassen Sie das nüchterne Kosten-Nutzen-Prinzip gelten. Mehr verlangen wir heute nicht, und das ist wahrlich nicht zu viel verlangt."

Namens der Landesregierung antwortet Umweltministerin Tanja Gönner und pocht, wie schon unzählige Male geschehen in der bundesweiten Debatte über Stuttgart 21, auf die demokratische Legitimation des Projekts auf allen Ebenen. „Sie verwechseln Legalität mit Legitimität", muss sich daraufhin die Juristin vom Lehrer, der fachfremd Ethik unterrichtet hat, sagen lassen. Er holt aus, auch weil er gern ausholt: In der Demokratie entsteht Legitimation durch Verfahren. Bei Projekten von solcher Dimension gibt es ein Anrecht der Menschen darauf, dass sie mit der nötigen Sorgfalt und Offenheit behandelt werden. Sie müssen in der Lage sein, das Projekt mitzuvollziehen und zu verfolgen, dabei müssen Wahrheit und Klarheit herrschen.

Nein, da spricht nicht der Schlichter Heiner Geißler, noch ist nicht Herbst in Stuttgart, es ist Sommer, und der nimmt seinen Lauf. Zum Beispiel mit einer friedlichen Besetzung des Nordflügels des Bahnhofs und einer – wie die Gegner im Internet ausdrücklich loben – friedlichen Räumung durch die Polizei. „Bei Abriss Aufstand" ist einer der Slogans des Widerstands, „Lügenpack!"-Rufe sind rar, die Forderung „Mappus weg!" noch gar nicht zu hören.

Mitte August hält Kretschmann eine Rede bei einer Kundgebung am Nordflügel. Das Terrain ist glatt, nicht nur des Nieselregens wegen. Politiker sind als Kaste nicht gern gesehen in dem Aktionsbündnis, zu dem sich die Neinsager zusammengefunden haben. Für den Grünen ist es auch eine Zeitreise in die eigene Vergangenheit, in der Polit-Promis von der Basis nur allzu gern ins schiefe Licht gerückt wurden. 15 Minuten will er reden. Schon nach den ersten Sätzen hat er das Auditorium auf seiner Seite. Kretschmann mahnt Transparenz an und eine offene Debatte der Sachargumente. Wieder könnte Heiner Geißler die Hand geführt haben, aber der verfolgt die Entwicklung zu diesem Zeitpunkt noch daheim in der Pfalz, „mit staunendem Interesse", wie er später sagen wird.

Die Forderung nach dem Moratorium hat der Vorsitzende der grünen Landtagsfraktion inzwischen weiterentwickelt, weiterentwickeln lassen, von seinem Freund Boris Palmer: Stefan Mappus, Stuttgarts CDU-Oberbürgermeister Wolfgang Schuster und der CSU-Bundesverkehrsminister Peter Ramsauer sind offiziell aufgefordert, eine mit Gegnern und Befürwortern paritätisch besetzte Konferenz einzuberufen, in der öffentlich Fakten debattiert werden. „Das muss doch wohl in einer aufgeklärten Demokratie möglich sein", sagt Kretschmann. Und dann verwendet er einen Begriff, der seltsam klingt aus seinem Munde: Es sei „der Charme der Demokratie, in Alternativen zu denken". Heftige Zustimmung aus den eigenen Reihen. Ebenso bei diesem Satz: „Wir demonstrieren nicht, weil wir nichts Besseres zu tun haben, sondern weil uns die Verbohrtheit der Projektbefürworter dazu zwingt." Schräg gegenüber vom wuchtigen Bahnhofsgebäude des Architekten Paul Bonatz, an einer schäbigen Hochhausfassade, hängt seit Wochen eines dieser neumodernen Baustellenverhüllungsplakate. In Riesenlettern steht darauf ein Spruch von George Bernhard Shaw, der sich liest, als wäre er absichtlich ausgewählt worden, gegen die Projektbetreiber: „Wir brauchen eine Handvoll Narren. Seht, wohin die Vernünftigen uns gebracht haben." Woche für Woche treffen sich Protestierende, bürgerliche und solche mit linker Vergangenheit und grüner Gegenwart, Antifaschisten stehen Seit' an Seit' mit Haus- und Geschäftsfrauen, die ihren grünen K-21-Button aus der Longchamp-Handtasche fingern. Angestellte und Beamte, Lehrerinnen, Rentner und Besserverdienende aus der berühmten Halbhöhenlage hören Rednern und Rednerinnen zu, die manchmal ungelenk, manchmal naiv, professoral und zu weitschweifig, aber immer engagiert und sachkundig Argumente gegen Stuttgart 21 vortragen.

Im Schlossgarten, wo riesige, zum Teil Jahrhunderte alte Bäume fallen sollen für das Projekt, haben Verhinderer längst eine Zeltstadt gebaut. Feste finden statt – große Feste, zu denen Tausende strömen. Oder kleinere. Einmal steht Dvoraks „Aus der Neuen Welt" auf dem Programm, ein anderes Mal Kammermusik. Die selbst ernannten Parkschützer dürfen auf mehr als 20 000 im Internet registrierte Unterstützer zählen. Ältere Stuttgarter, Stuttgarterinnen vor allem, erzählen von den Nachkriegsjahren, als viele Familien bitter froren und doch entschieden, die alten Platanen nicht zu verheizen, „als Symbol für den Überlebenswillen unserer Stadt". Und nun sollen sie fallen für einen Bahnhof im Untergrund! Eine junge Mutter, die Ray-Ban-Sonnenbrille ins Haar geschoben, will sich anketten, wenn die Sägen kommen. Die Unterbringung ihrer beiden Kinder hat sie vorsorglich schon für mehrere Tage organisiert.

„Wir haben so etwas noch nie gemacht", sagt eine Frau aus dem Stadtteil Feuerbach. Es ist die Demonstration mit der laufenden Nummer 39. Ihre Freundin nickt und erinnert sich – aufgeblättert wird ein Abriss baden-württembergischer Widerstandsgeschichte. Als damals im südbadischen Wyhl gegen das geplante Atomkraftwerk demonstriert wurde, da waren die Kinder zu klein; die Mutlanger Blockaden gegen die Pershing-II-Raketen erschienen ihr als „zu gefährlich"; bei der berühmten Menschenkette von Stuttgart nach Ulm im Oktober 1983 „waren wir in Urlaub". Die Mittfünfzigerin zuckt die Schultern, als müsse sie sich entschuldigen fürs Nichtdagegen- und Nichtdabeigewesensein.

Auf dem Platz am Nordausgang des Hauptbahnhofs wird nichts verschenkt und nichts versprochen. Wer hierher kommt, kommt aus Überzeugung. Der Zusammenhalt erzeugt ein neues Gefühl der Stärke. Politik hat den Alltag erobert und schlägt immer tiefere Wurzeln. Freunde geraten über Kreuz, Kollegen streiten, und die Gesprächsthemen werden wieder etwas gewichtiger als gewohnt. Nicht mehr Tim Mälzer und Johann Lafer, der letzte Urlaub oder die nächste Anschaffung beherrschen das Gespräch am Arbeitsplatz und am Esstisch, sondern die Zukunft der Cannstatter Mineralwasserquellen – der größten europäischen Vorkommen nach Budapest –, Rechtsfragen bei Besetzung und Blockade, überhaupt die Beteiligung der Bürgerschaft. Einmal, nach einer Demo mit dem Auftritt eines Philosophen, der tiefschürfend unterscheidet zwischen irgendwo ankommen und bloß irgendwo aussteigen, trifft sich eine Runde in ihrem Stammlokal, im „Stetter" im Bohnenviertel. Hier, in einer der letzten Weinstuben der Altstadt, kommt sie aus dem Schwärmen nicht heraus – darüber, wo man sich einmischen und mitmachen könnte. Sie sind stolz auf sich selber, auf ihr Engagement. Und irgendwie zufrieden mit jenen Politikern, die sie verstehen. Den „Kretschmann von den Grünen" kennen sie, ob sie ihn wählen, wissen sie nicht. Noch nicht.

Dass die Verträge für das Vorhaben unterschrieben und rechtsgültig sind und alle Ausstiegsklauseln ausgelaufen, dass juristisch im Recht ist, wer die Bagger auffahren lässt, dass Schadensersatzansprüche von zig Millionen fällig werden, die am Ende der Steuerzahler zahlen muss, wenn das Projekt doch noch abgeblasen wird – davon will die Runde in der Weinstube, davon wollen die beiden Frauen aus Feuerbach nichts wissen. Sie sind, wie ein Blick auf den inzwischen im Stuttgarter Haus der Geschichte zur Restaurierung und späteren Ausstellung untergebrachten Bauzaun lehrt, in zahlreicher Gesellschaft. Die unzähligen Zettel und Plakate, Bildtexte und Zeichnungen – für analytischen Feinschliff oder historische Genauigkeit werden sie wohl kaum berühmt werden und auch nicht für ein ausgeprägtes Bedürfnis, den Betreibern und den Befürwortern des ungeliebten Projekts gerecht zu werden. Ein großes grünes Transparent mit der Aufschrift „Platz des himmlischen Friedens" spielt wenig geschmackssicher auf ein historisches Massaker in Peking an. Manche halten das, was sich an den metallenen Quer- und Längsstreben entwickelt hat, gar für Kunst. Ist sie nicht. Aber lesenswert sind die Botschaften doch. Noch ein Spruch, wieder von G. B. Shaw, diesmal in krakeliger Schrift: „Ihr aber seht und sagt: Warum? Aber ich träume und sage: Warum nicht?"

Viele träumen. Der Gedanke, die mächtigen Projektbetreiber in die Knie zwingen zu können, hat große Teile der Bevölkerung erfasst. „Das ist wie mit der Kirsche nach dem Regen", sagt Liesel Hartenstein, und der Biologe Kretschmann hätte gleich zweifach seine Freude daran. Des Vergleichs wegen – benetzte reife Kirschen platzen, wenn Wasser durch die Haut eindringt und der Druck in der Frucht zu groß wird –, aber auch, weil die 82-jährige ehemalige Bundestagsabgeordnete Sozialdemokratin ist. Montags kommt sie, wann immer sie kann, mit ihrer Partei ist sie im Unreinen. Viel zu früh, viel zu unkritisch hätten die Genossen Stuttgart 21 unterstützt, jetzt falle die Umkehr schwer, die Idee mit der Volksabstimmung, nun ja, ein letzter Ausweg, immerhin.

Überhaupt die SPD. Mitte der Neunziger hatte sie zum dritten Mal in der Landesgeschichte mit der CDU koaliert, notgedrungen wegen der Rechtsaußen von den Republikanern, die es in den Landtag geschafft hatten und so das Zusammengehen der beiden Volksparteien er-

103

zwangen. Just in diesen vier Jahren wurde die Vision vom unterirdischen Durchgangsbahnhof geboren. Den Reisenden soll er Zeitersparnis bringen und der in den Kessel eingezwängten Schwabenmetropole eine gewaltige Erweiterung der City auf dem Gelände der überflüssig werdenden Gleise, eine Chance, von der Stadtplaner und viele Normalbürger bis heute meinen, dass die Stadt nachgerade verrückt wäre, sie sich entgehen zu lassen. Die Schwarzen in Stadt, Land und Bund hatten damals das Sagen, aber die SPD sagte nicht Nein, weil sie an Arbeitsplätze dachte und an ein milliardenschweres Konjunkturprogramm für den Großraum Stuttgart. In diese Zeit fallen erste entscheidende Beschlüsse. Darunter der, wie sich Kretschmann erinnert, im Raumordnungsverfahren nicht alle Alternativen zum Durchgangsbahnhof gleichberechtigt auf den Tisch zu legen. Seine Stimme hebt sich bei diesem „nicht", aufregen kann er sich auch noch nach 30 Jahren in der Politik.

Viele Sozialdemokraten, in der Führung wie an der Basis, sind und bleiben pro S 21. Im Sommer 2010 denken manche sogar laut über die Möglichkeit einer Großen Koalition nach, immer den Schulterschluss in Sachen Bahnhof fest im Blick. Der SPD-Landesvorsitzende Nils Schmid, der Kretschmann gut kennt aus dem Parlament und dem Finanzausschuss, schafft mit dem Vorschlag eines Volksentscheids eine mögliche Exit-Strategie für eine verfahrene Situation. Bei den Koalitionsverhandlungen beschert das Thema den neuen Partnern einen ersten heftigen Stresstest, nur mühsam kommt ein Kompromiss zustande. Da sind sie wieder, das Misstrauen und die mangelnde Bereitschaft, dem anderen einen Erfolg zu gönnen.

Die Basis für den historischen Wahlausgang haben Fernsehbilder gelegt, Bilder aus dem Stuttgarter Schlossgarten, die Baden-Württemberg und seinen Bürgeraufruhr über Wochen in den Schlagzeilen hielten. Einzelne ausrastende Polizeibeamte, eingemottete Wasserwerfer, von denen aus in die Menschenmenge, nicht zuletzt in Schülergruppen gezielt wird, viele Dutzend Verletzte, weinende Jugendliche, verstörte Erwachsene. Winfried Kretschmann ist gleich nach den ersten Meldungen über aneinandergeratende Polizisten und Demonstranten in den Schlossgarten geeilt. Dann hat er sein Handy gezückt und Heribert Rech angerufen. Der Christdemokrat ist Innenminister, ein leutseliger und bedächtiger Zeitgenosse, wahrlich kein Scharfmacher und Draufhauer. Kretschmann fordert ihn auf, mit einiger Lautstärke, die Polizei zur Mäßigung anzuhalten. „Dann zieh du doch deine Demonstranten zurück", kontert Rech. Viele Abgeordnete, vor allem solche, die seit Langem im Landtag sitzen, sind auch über Parteigrenzen hinweg per Du. Die Geisteshaltung, die der Innenminister Rech offenbart hat, macht Kretschmann noch Wochen danach fassungslos. Grotesk die Vorstellung, hier handele es sich um eine Art Parteiveranstaltung der Grünen und als könne ein Politiker einen Bürgerprotest abpfeifen wie ein Schiedsrichter ein Fußballmatch. „Das ist die Arroganz der Macht, die uns so weit gebracht hat", sagt er. An ihr, so sieht er das, sind auch alle Bemühungen gescheitert, noch vor der Eskalation wenigstens ins Gespräch zu kommen. Für einen dieser Versuche hat er selber harte Kritik einstecken müssen.

Es ist noch immer Sommer in Stuttgart, Spätsommer. „Eine Stadt steht Kopf", titelt die Hamburger „Zeit", die sich wie unzählige andere Medien im In- und Ausland in diesen Wochen mit den erstaunlichen Vorgängen im Schwabenland befasst, einer Region, der das Klischee biederen Bürgersinns so unausrottbar anhaftet wie das vom Geiz den Schotten. Natürlich kommt auch Kretschmann zu Wort, nennt es frappierend, wie sich die politische Elite des Landes am Zeitgeist habe berauschen können, anstatt Gründe und Gegengründe zu prüfen. „Das ist dieser Aspekt, der diese Sache für mich zu einer gigantischen politisch-erlebnispsychologischen Erfahrung macht", wird er zitiert und fragt: „Wie entsteht ein Mainstream, der sich selbstreferenziell hochschaukelt?" Seine eigene Erklärung steht fest: „Wenn die ganze Riege der im Lande Wichtigen unterschrieben hat, erscheint ihnen der Rest des Landes natürlich als Querulanten."

Der Grüne, immer häufiger belagert von Kamerateams und Abgesandten der Hauptstadtpresse, will heraus aus diesem Teufelskreis. Stefan Mappus liefert die Chance dazu. Der junge Ministerpräsident ist nicht einmal im Jahr im Amt, als Nachfolger eines Günther Oettinger, den Angela Merkel nach Brüssel geschickt hat – nach einer ganzen Reihe von Tritten ins Fettnäpfchen hatte die Bundeskanzlerin das Vertrauen verloren, dass mit Oettinger die Landtagswahl im März 2011 noch erfolgreich zu bestehen ist. Mappus kehrt aus dem Urlaub zurück und greift zum Telefon. Entgegen vielen Reden, die er später im Wahlkampf halten wird, weiß er, dass er sich auf den erfahrenen Oppositionspolitiker Kretschmann verlassen kann, wenn es darum geht, eine weitere Eskalation zu verhindern. Gemeinsam zimmern sie an einem Runden Tisch in der ersten Septemberwoche, selbst die Sitzordnung ist schon ausgetüftelt, als Bahnchef Rüdiger Grube das Vorhaben entgegen allen Absprachen vorzeitig öffentlich macht.

Kretschmann hat sich ohne Mandat des Aktionsbündnisses gegen Stuttgart 21 auf die Gespräche mit den Befürwortern eingelassen, nun bezieht er heftige Prügel. Vom Verrat am Widerstand ist die Rede, und nicht nur bei den Parkschützern. Erst recht, weil der Grüne weitere Arbeiten der Bahn am symbolträchtigen Grundwassermanagement zulassen will, obwohl das Aktionsbündnis immer die Ansicht vertrat, dass, solange drinnen verhandelt wird, draußen nichts und nirgends gebaut werden darf. Kretschmann muss zurückrudern. Im Spektrum des Widerstands schlägt ihm fortan Misstrauen entgegen, auch gemäßigte Kräfte wittern Kompromisslertum bei einem, dessen Anfälligkeit für Schwarz-Grün jeder politisch Interessierte in Baden-Württemberg kennt. Aber auch von den Regierungsparteien CDU und FDP schlägt ihm Häme entgegen. Schnell in Umlauf gebracht sind Unterstellungen, dass die Grünen konstruktive Gespräche gar nicht wollen, weil die Argumente für den Erhalt des Kopfbahnhofs doch nicht so gut sind.

Spurlos geht dergleichen an ihm nicht vorbei. Kretschmanns Leben besteht in diesen Tagen „aus fast nicht anderem mehr als aus Stuttgart 21". Er ist blasser als sonst, nicht selten müde, herunterhängende Schultern zeugen von der Anstrengung. Aber in der Sache ist er fest und sicher, überzeugt davon, dass der Versuch richtig ist, die parlamentarische Mehrheit aus CDU, SPD und FDP nachträglich noch zur Vernunft zu bringen. Dass der massive Protest so spät kommt und ihm genau das zwischen Flensburg und Konstanz immer wieder entgegengehalten wird oder zumindest für Verwunderung sorgt, weiß er. Dennoch will er gerade unter den Befürwortern ein Bewusstsein dafür schaffen, dass die Bürgerschaft sich nicht befehlen lässt, wann sie auf die Straße gehen darf. Und dass, dies nicht zuletzt, all die Gremien und Parlamente, die S 21 abgesegnet haben, die Fakten und Kosten, die Probleme und Risiken bei diesem Vorhaben viel zu wenig gekannt und berücksichtigt haben. Vor allem aber die CDU hat längst eine Schublade weit aufgezogen. „Berufsdemonstranten" steht darauf, und die Stuttgarter Bewegung wird umstandslos hineingepackt. Nachdem Mappus diesen Begriff erstmals gebraucht hat, gehen Frauen auf die nächste Montagsdemo mit weißen Zetteln mit der Aufschrift „Berufsdemonstrantin" am edlen Tuch. Und sie skandieren mit, was inzwischen zum Repertoire gehört und Kretschmann bis heute gar nicht gefällt: „Lügenpack! Lügenpack! Lügenpack!" Und er steckt ungerührt Buhrufe dafür ein, dass er aus seiner Ablehnung kein Hehl macht.

Als in dem Talkesseltreiben aus Gegnerschaft vollends Feindschaft zu werden droht, als die ganze Republik schockiert die Bilder vom Stuttgarter Schlossgarten gesehen hat, mit dem Rentner, dem das Blut aus den Augen läuft – da nimmt Mappus Kretschmanns Vorschlag an und bittet Heiner Geißler, „als objektiver Vermittler" Fachleute, Projektgegner, Projektbefürworter zusammenzubringen. „Alle an den Tisch, alles auf den Tisch", so lautet das Motto, das nun ein ums andere Mal verkündet wird. Wäre es früher beherzigt worden, hätte die Geschichte einen anderen Verlauf genommen. „Hätte, wäre, würde" kennt die Geschichte nicht. Es ist jetzt Herbst in Stuttgart. Einer wie keiner. Einer, der die repräsentative Demokratie verändern wird im ganzen Land.

10 Im Praxistest
Eine Politik des Gehörtwerdens

STUTTGART 21 ALS Brennglas für Probleme, die entstehen, wenn wesentliche Teile der Bürgergesellschaft wahrgenommen, gehört, beteiligt werden möchten: Winfried Kretschmann will in Baden-Württemberg eine „Politik des Gehörtwerdens" etablieren. Seit Jahren macht er sich für einen anderen Umgang mit der Bürgerschaft stark, dafür, kleine und vor allem große Projekte nicht einfach nur administrativ durchzuwinken, sondern Proteste auch in schwierigsten Situationen auszuhalten. Mit ihnen verspricht er nicht taktisch umzugehen, sondern will sich in die Anliegen der Gegenseite versetzen.

Ihren ersten zähen Praxistest haben solche Ideen hinter sich gebracht: in 80 Stunden Schlichtung. Am 22. Oktober 2010 geht es los. Das öffentliche Interesse ist riesig. Wer von den Akteuren im vierten Stock des Stuttgarter Rathauses ankommt, wird sogleich von Medienvertretern belagert. Kretschmann weiß da noch nicht, dass der Trubel um ihn herum in 156 Tagen, bei seiner Ankunft im Landtag, noch viel größer sein wird. Ein Satz in dieses Mikrophon, einer in ein anderes. Im Kleinen Sitzungssaal ist alles vorbereitet, mehrere tausend Butterbrezeln werden in den nächsten Wochen verdrückt, Berge von jenem urschwäbischen Gebäck, das der Legende nach ein Bäcker aus Urach erfand, als ihm sein Landesherr den Auftrag gab, einen Kuchen zu backen, durch den die Sonne dreimal scheint, um sein Leben zu retten.

Urach, heute Bad Urach, profitiert nach Meinung der Stuttgart 21-Gegner nicht vom Milliardenprojekt, weil der nahe Umsteigeknoten Metzingen nicht ans Schnellbahnnetz angebunden wird. Kretschmann wäre nach diesen Berechnungen, die im Detail für sehr viele Orte im Land vorliegen, von Laiz aus genau vier Minuten schneller in Stuttgart sein als derzeit. Aber noch ist nicht die Stunde der Details, noch geht es ums große Ganze. Zwei Kommissionen sind paritätisch besetzt, Experten benannt. Jetzt können sich alle Interessierten selbst ein Bild machen, denn zwei Fernsehstationen übertragen live. Heiner Geißler eröffnet um 10.04 Uhr die erste Sitzung.

Stefan Mappus sitzt auf der einen Seite und schweigt. Winfried Kretschmann sitzt ihm schräg gegenüber. Er schweigt auch. Ihr Schweigen könnte unterschiedlicher kaum sein. Der eine, der Stuttgart 21-Befürworter, der sich verstrickt hat in die Doppelrolle des mitfinanzierenden Projektpartners und zugleich des politischen Entscheidungsträgers, kennt sich nicht wirklich aus. Kann und will nichts sagen zu den Einführungsvorträgen beider Lager, möchte sich lieber zurückhalten nach den fürchterlichen Fernsehbildern vom restlos missglückten Polizeieinsatz im Schlossgarten. Der andere hätte viel zu sagen. Bei seinem Wiedereinzug in den Stuttgarter Landtag, anno 1996 nach vier Jahren Schuldienst, ist dort bereits eine interne Arbeitsgruppe der Grünen zu Alternativen zum Durchgangsbahnhof installiert. Fritz Kuhn ist mit von der Partie, Winne Hermann hektographiert die ersten Flugblätter, eine mehrseitige Broschüre ist verteilt, der Verkehrsexperte Gerd Hickmann skizziert mit der Hand Varianten vom modernisierten Kopfbahnhof einschließlich Gleisvorfeld. Er verkörpert geradezu Kretschmanns Strategie von den langen Linien, die verfolgt werden müssen, um am Ende erfolgreich zu sein. Denn eineinhalb Jahrzehnte später sitzt Hickmann neben ihm im Stuttgarter Rathaus – und wird in den nächsten sechs Wochen eine der Stützen der Projektgegner.

Zum Auftakt, gleich nach dem Bahnvorstand Volker Kefer, spricht für die Grünen Boris Palmer. Der schlaksige Mann mit dem jungenhaften Gesicht, Landtagsabgeordneter von 2001 bis 2007, ist inzwischen Oberbürgermeister der Universitätsstadt Tübingen. Die Wege seiner Familie haben sich mehrfach mit jenen Kretschmanns gekreuzt. 1992 tritt der im Südwesten als „Remstal-Rebell" berühmt gewordene Vater Helmut Palmer als unabhängiger Kandidat im selben Wahlkreis Nürtingen an – und kostet den Grünen so viele Stimmen, dass am Ende beide draußen bleiben. Kretschmann geht wieder in die Schule, und hinauf zur Villa Reitzenstein, wohin Erwin Teufel die Grünen nach den Landtagswahlen zu Sondierungsgesprächen geladen hat – eine Premiere für die Republik –, wandern andere.

Boris Palmers politisches Talent hat Kretschmann bald erkannt und gefördert. Dabei hatte er wie immer die schwarz-grüne Option im Blick, die auch auf den selbstbewussten, ehrgeizigen Jungpolitiker einen mächtigen Reiz ausübt. Quer zu den alten Lagern: die Umsetzung dieses Konzepts in die politische Wirklichkeit treibt beide um. Wie das gehen könnte, hat Palmer 2004 vorgeführt, indem er im Kampf um den Oberbürgermeistersessel im Stuttgarter Rathaus nach dem ersten Wahlgang seine eigene Bewerbung zurückzog und sich auf die Seite von CDU-Amtsinhaber Wolfgang Schuster schlug, zum hellen Entsetzen der düpierten SPD und der eher Linksgerichteten im Grünen-Anhang. Jetzt, bei der Schlichtung um S 21, liefert er eine überzeugende Probe seiner Begabung ab, als Politiker, Kommunikator und Fachmann. An Zahlen und Fakten entlang arbeitet er die Schwächen des Projekts heraus, würzt seinen Vortrag mit einem guten Schuss Polemik, veranschaulicht und spitzt zu. Für ihn stand von Anfang an fest, dass der unterirdische Bahnhof sein Geld nicht wert wäre, schlimmer noch: nichts taugt. Und dass deswegen in dieser Sache noch einmal neu entschieden werden muss: „Wenn die Parlamente einen ICE bestellen und nachher zum doppelten Preis eine Dampflok geliefert wird, dann darf man doch mal fragen, ob man diese Bestellung rückgängig machen darf." Kretschmanns Blick ruht wohlgefällig auf dem Jüngeren, der schneller ist als er, spielerischer, eitler, der im Fernsehen deutlich besser rüberkommt als er selbst. Der zugleich aber auch die komplexe Materie fest im Griff hat. In den Medien wird Palmer schon als möglicher Kronprinz gehandelt. Fünf Monate später, am Tag nach dem Wahlerfolg, fliegen beide gemeinsam nach Berlin. Glückwünsche abholen, wird der künftige Regierungschef nachher verschmitzt sagen.

Der Weg durch die Schlichtung ist steinig, aber lohnend. Kretschmann reizt der Fortgang der Debatte nicht nur inhaltlich, sondern auch als Verfahrensmodell, als Anschauungsobjekt für künftige Auseinandersetzungen, als Lehrstück darüber, wie sich Politiker, wie sich Experten, wie sich Menschen in verschiedenen Situationen verhalten, wenn sie argumentativ in die Enge getrieben werden, wenn sie den Befreiungsschlag versuchen oder inhaltliche Schwächen sich erst nach und nach offenbaren. „Die Narren von heute können die Helden von morgen sein. Aber auch die Obernarren. Das weiß man nie, und das macht Prozesse so spannend" – eine seiner bevorzugten Spruchweisheiten. In drei Anläufen kann die Bahn nicht belegen, dass der achtgleisige Tiefbahnhof dem morgendlichen Stoßzeitenverkehr gewachsen sein wird. An fünf der neun Schlichtungstage ist Kretschmann dabei. Eine stundenlange Debatte über das Kosten-Nutzen-Verhältnis beider Alternativen stößt er an, spielt im Dialog mit Befürwortern seine in der langen parlamentarischen Auseinandersetzung erprobten Argumente aus. Ruhig, hier nachhakend, dort zusammenfassend, manchmal ausschweifend, dann im richtigen Moment kreativ. Der Generalist, der sich anders als andere am Tisch noch so vielen anderen Themen zu widmen hat, lässt nicht locker, weil in internen Rechnungen der Bahn eine Milliarde Euro Mehrkosten veranschlagt sind. „Erkläre mir, Graf Urindur, dies blanke Wunder der Natur", zitiert Heiner Geißler frei einen ostpreußischen Dichter und lächelt sein Heiner-Geißler-Lächeln zur Bank der Projektbetreiber herüber. Immer wieder kommen in den Wochen der Schlichtung die Befürworter eines ertüchtigten Kopfbahnhofs in die Offensive. Einmal bietet Bahnvorstand Kefer seinem Widersacher Boris Palmer nach einem famosen Vortrag einen Job an: „Respekt! Hätten Sie nicht Lust, bei uns als Planer anzufangen?"

Kretschmann, studierter Biologe und Naturenthusiast, führt das riesige Gleisvorfeld an, das die Schienen zum Hauptbahnhof hinführt und die Stadt in zwei Teile teilt. „Die Gleiswüste lebt", sagt er und erinnert an Walt Disneys „Die Wüste lebt", einen Film, der einst Generationen die Augen für das Artenspektrum in der Sierra Nevada und in anderen Wüsten geöffnet hat. Er kommt ins Schwärmen und warnt eindringlich: Stuttgart 21 sei kein ökologisches Projekt, sondern ein schwerer Eingriff in den Kernbestand der Ökologie dieser Stadt. Mit den Gleisanlagen würde ein ganzes Biotop verschwinden. Auf die Mienen mancher Projektbetreiber schleicht sich ein Lächeln. Kein wohlwollendes allerdings, eher ein herablassendes. Respekt hat der Redner nicht zu erwarten, Bewunderung schon gar nicht, allenfalls Mitleid für einen Politiker, in dem jetzt der romantisierende Ökologe obsiegt. Das ficht ihn nicht an. Ob ein Gegenüber ihn für versponnen hielt oder für weltfremd oder für aus der Zeit gefallen, war ihm schon oft nicht so wichtig. Über den stumm zur Schau getragenen Sarkasmus der anderen redet er hinweg: „Das ist natürlich den meisten Leuten gar nicht bewusst, weil sie denken, da wird eine Stein- und Schienenwüste beseitigt, wo sowieso nichts ist, und es kann nur besser werden. Das ist ein Blick aus Unkenntnis, was man niemandem verübeln kann, aber er täuscht und ist falsch."

So oder zumindest so ähnlich stellt sich Kretschmann den neuen zeitintensiven Umgang in und mit der Bürgergesellschaft vor. Zuhören, antworten, fragen, nachdenken, Ideen und Alternativen entwickeln. Er kann sich auch ereifern, dann wird er lauter, manchmal zu laut. Wie lange (und wie oft vergeblich) er als Parlamentarier versucht hat, von den Betreibern, also von Bahn, Land und Stadt handfeste Zahlen zu S 21 zu bekommen – das erbost ihn. Die Grünen seien doch schließlich Freunde der Bahn, gern hätten sie sich widerlegen lassen; stattdessen hätten sie aber die Erfahrung machen müssen, abgewimmelt, hingehalten, nicht ernst genommen zu werden. Jetzt endlich, in dieser Schlichtung mit diesem gewaltigen medialen Echo, soll auf rationalen Einspruch mit Sachlichkeit und Sachkenntnis reagiert werden, damit etwas Produktives herauskommt. „Das können wir von Ihnen erwarten", schleudert er den Bahnmanagern entgegen, reckt das Kinn vor und lässt die Augen blitzen. Kein Mensch, der ihm zusieht, kann auf die Idee kommen, dass hier nur wieder ein Politiker eine Show abzieht. Er wirkt nicht immer sympathisch, oft zu angestrengt und aufgeregt, aber authentisch allemal: Sagen, was man meint, und meinen, was man sagt. Zugleich sind Leidenschaft und Erregung aber selten Selbstzweck, sondern verfolgen ein praktisches Ziel. In Kretschmanns unverhohlenem Ärger liegt die Aufforderung, das Ärgernis zu beseitigen. Und es wird spürbar, was Baden-Württembergs Bürgerschaft, aber auch der Koalitionspartner SPD vom neuen Regenten zu erwarten hat: Der Versuch, eine vernünftige Sache, die sich lohnt, gemeinsam und transparent voranzubringen, das ist das, was zählt.

Auch dass Stuttgart, sollte der Durchgangsbahnhof am Ende doch gebaut werden, ein neues Stadtviertel nicht nur für die Reichen und Schönen bekäme, geht mit auf Kretschmanns Beharrlichkeit zurück. Weil er wenig Aufhebens von sich selbst macht, fällt aber sein Name selbst intimen Kennern der Materie bei diesem Thema nicht ein. Dabei hat er so lange auf der Forderung nach bezahlbarem Wohnraum bestanden, bis Geißler den städtischen Baubürgermeister, einen Sozialdemokraten, in die Enge treibt, so dass der ihm eine kinder- und familienfreundliche Konzeption für das neue Stadtquartier verbindlich zusagt. Am Ende hält der Schlichterspruch fest, dass alle durch den Gleisabbau frei werdenden Grundstücke der Grundstücksspekulation entzogen und in eine Stiftung überführt werden sollen. Das Ziel: die Frischluftschneise für die Stuttgarter Innenstadt erhalten und ein Wohnungsbau mit dem Prädikat „ökologisch, familien- und kinderfreundlich, mehrgenerationengerecht, barrierefrei und zu erschwinglichen Preisen".

Während der Schlichtung fährt Kretschmann nach Freiburg, zur Bundesdelegiertenkonferenz der Grünen. Er wird gefeiert, die Umfragewerte erzählen von einem Rekordhoch in Baden-Württemberg. Er verspricht den Weg in eine Gesellschaft, die sich nicht spaltet, sondern ihren Zusammenhalt findet, den Weg in eine aufregende, spannende, schwierige Zukunft. Am Ende bedankt er sich, nimmt das Wasserglas in die Linke, um die strapazierten Stimmbänder zu spülen, und das Redemanuskript in die Rechte. Es ist fast unbenutzt geblieben. Ein zufriedenes Lächeln huscht über sein Gesicht. Von dem dicken Brett hat er gesprochen, das die Grünen seit der Gründung vor drei Jahrzehnten bohren. „Und ich hoffe, jetzt sind wir durch", sagt er. Aber es klingt nicht mehr wie eine Hoffnung, eher wie ein Versprechen, das er einzulösen gedenkt.

Sein Modell der Politik des Gehörtwerdens hat eine Bewährungsprobe bestanden. Im Landesparlament waren Stuttgart 21 und die Neubaustrecke nach Ulm viel zu oft ziemlich summarisch und eher oberflächlich diskutiert worden. Außerdem hieß dort das Motto für die Grünen immer „Allein gegen alle". Wer den Stuttgarter Landtag und seine Debattenkultur kennt, der weiß, wie es da zugeht, wenn gewisse Reizthemen aufgerufen werden. Stuttgart 21 ist so eines. Kretschmann will die offene Auseinandersetzung mit den Positionen der Gegenseite, den Austausch von Positionen und Informationen, in dem es kein Unten gibt und kein Oben. Und dessen Intensität und Ernsthaftigkeit wachsen muss, je tiefer die Gräben sind oder noch werden.

Am Ende der Schlichtung gibt Heiner Geißler einem Projekt den Segen, gegenüber dem er eine Skepsis hegt, die er oft genug hat spüren lassen. Aus Loyalität zu seiner Partei? Verblüfft ist Kretschmann über das bedingte Ja Geißlers nicht. Die beiden kennen sich lange. Auf einem Landestag des CDU-Nachwuchses haben sie Mitte der Achtzigerjahre einmal gemeinsam referiert. Und Kretschmann war es, der Stefan Mappus den Globalisierungskritiker als Moderator vorgeschlagen hatte. Noch Wochen nach Ende der Schlichtung wird Geißler gebetsmühlenhaft an die schwarz-grüne Option erinnern, einmal folgt ihm die stellvertretende CDU-Bundesvorsitzende Annette Schavan. Alle anderen in der Union bleiben still und stumm. Oder aber, die Kanzlerin vorneweg, sie attackieren, je näher der Wahltag im Südwesten heranrückt, die Grünen immer heftiger als Dagegen-Partei. Nach dem Wahlsieg gratuliert der Querdenker Geißler dem Querdenker Kretschmann, und zu vermuten ist, dass es ihm nicht schwer fällt. Kretschmann, lobt Geißler, könne den Job des Ministerpräsidenten auf jeden Fall ausfüllen – „und wenn Grün-Rot das Land weiter voranbringen sollte, dann liegt es vor allem an seiner Persönlichkeit".

Die muss Kretschmann nach dem Wahlsieg unverzüglich in die Waagschale werfen. Es ist unüblich, in Koalitionsverträgen zentrale Punkte strittig zu stellen. Grüne und SPD können in Sachen Stuttgart 21 aber nicht anders – die Meinungsunterschiede in der Sache sind unüberbrückbar. Beide Parteien bekommen sich auf eine Art und Weise in die Haare, die den Start in die neue Ära arg belastet. Die Sozialdemokraten nutzen aus, dass die Grünen im Vorfeld der Wahl schlampig und unprofessionell mit Begriffen wie Volksentscheid und Volksabstimmung umgegangen sind. Nils Schmid rutscht sogar der Begriff „Gegner" heraus, mit dem man an einem Tisch sitze. „Im wichtigsten Industrieland koaliert eine ökologisch-postmaterielle Klientelpartei mit der alten Tante SPD, die sogar noch ein paar Genossen hat, die Filterkaffe trinken und ihren alten Industrialismus verteidigen", spottet die FAZ. Mit einer SPD die selber zerrissen ist, denn an der Basis sind nicht wenige gegen das Milliardenprojekt, die Spitze hingegen ist fast geschlossen dafür. „Denen fehlt die Sachkenntnis aus 80 Stunden Schlichtung", sagt Kretschmann öffentlich, als er sich besonders ärgert.

11 Lernen fürs Leben
Umrisse einer kreativen Schule der Zukunft

„KNAPPE RESSOURCEN SIND anstrengend." Wie wahr Kretschmanns gern bemühter Merk- und Leitsatz ist, auch das zeigt sich gleich zu Beginn der Koalitionsverhandlungen. Er und Nils Schmid stehen wie immer wieder in diesen Tagen im April, dem ersten Monat der neuen Zeitrechnung in Baden-Württemberg, vor dieser grün-rot geteilten Wand, die Flaggenkenner sofort mit Portugal assoziieren, mit dem Schriftzug: „Der Politikwechsel beginnt." Den Pressevertretern verkünden sie, dass sie Lehrerstellen einsparen wollen. Zusatz: erst zum Ende der Legislaturperiode hin, wenn es immer weniger Schüler und Schülerinnen gibt und alle versprochenen Reformen auf den Weg gebracht sind. Schließlich ist die Sanierung des Landeshaushalts auch ein wichtiges politisches Ziel von Grün-Rot. Ab 2020 darf Baden-Württemberg wie alle deutschen Bundesländer keine neuen Schulden mehr aufnehmen.

Die Reaktion lässt nicht lange auf sich warten. „Wortbruch!", so tönt es von vielen Seiten. „Das Verfallsdatum für grün-rote Wahlversprechen beträgt zwei Wochen", zürnt die Landesvorsitzende der Gewerkschaft Erziehung und Wissenschaft (GEW) Doro Moritz. Sie ist selbst Genossin, aber natürlich Lehrern, Eltern und Schülern mehr verpflichtet als ihrer Partei. Die neuen Partner, die mit ihrer Ankündigung auch eine dringend notwendige Sparbotschaft an die Bildungspolitiker in den eigenen Reihen senden wollten, müssen zurückrudern, lassen schriftlich ihre eigenen Erklärungen noch einmal erklären. Kein schöner Anblick auf ohnehin ziemlich abschüssigem Terrain.

Ein typischer kommunikativer Anfängerfehler von Leuten, die das Regieren nicht gewohnt sind und zu wenig im Voraus bedenken, auf welche Empfindlichkeiten ihre Entscheidungen treffen können? Immerhin: Hätten sie wesentliche Fakten gleich mitgeliefert, mit dem gebührenden Nachdruck, wäre der Entrüstungssturm wohl deutlich milder ausgefallen. Die Schülerzahlen in Baden-Württemberg werden nach den Prognosen des Statistischen Landesamts bis zum Ende des Jahrzehnts um rund 20 Prozent sinken, in manchen Regionen sogar um 30. Jedenfalls rein rechnerisch gibt es dann im Vergleich zu heute rund 20 000 Lehrerstellen mehr als nötig.

Winfried Kretschmann mag solche Situationen gar nicht. „Ich habe Respekt vor dem Amt", hatte er kurz vor dem Wahltag zu einem Kinderreporter im Fernsehen gesagt. Jetzt bekommt er auch die Last der neuen Rolle zu spüren. Er will argumentieren, überzeugen – und zugleich sich nicht festbinden lassen wie Gulliver von den Liliputanern, sondern Gestaltungsspielräume zurückerobern. Dieser erste Krach mit den Lehrer- und Bildungsverbänden ist eine Weichenstellung. Jetzt weht Gegenwind. Der Grüne steht noch gebeugter da als sonst, kommt während eines umständlichen Rechtfertigungsversuchs sogar beim Ablesen künftiger Schülerzahlen ins Schleudern. Unsicherheit tritt bei ihm immer auf, wenn er bemerkt, dass er einen Fehler gemacht hat, die ohnehin angeschlagene Stimme wird oft brüchig. Dabei hält er seinen bildungspolitischen Finanzierungsdreisatz für richtig und sonnenklar: „Mehr Bildung fürs gleiche Geld, kein frisches Geld ins nicht reformierte System, mehr Geld nur für Reformen." Wieso so viel Wirbel entsteht, wenn Politik auf demographischen Wandel reagieren will, bleibt ihm rätselhaft.

Manchmal will dieser Mann nicht verstehen, dass er nicht verstanden wird. Zwar ist er auch Stratege, aber nur sehr ungern lässt er sich diese Rolle aufnötigen. Das kann eine Tugend sein, muss es aber nicht. Vor allem dann, wenn es der Gegenseite nicht nur um die Sache geht, sondern auch um Geländegewinn und um eigenes Profil. Natürlich wissen die Lehrerverbände – und die neue Opposition weiß es erst recht, weil deren Finanzpolitiker selber und sogar öffentlich Stellenstreichungen diskutiert haben –, dass sinkende Schülerzahlen nicht erst am St. Nimmerleinstag Konsequenzen haben werden und haben müssen. Aber den Neuen zu zeigen, was eine Harke ist – das verlockt doch zu sehr. Kretschmann lebt in dem Bewusstsein, dass er selber solchen Versuchungen, tagespolitisches Kleingeld zu erbeuten, nie erliegen würde. Dafür ist sein Bedürfnis nach Ausgleich und Konsens inzwischen viel zu ausgeprägt. Am Ende äußert er mit der sonoren Stimme des künftigen Landesvaters sanften Tadel: „Ich halte die Reaktionen für etwas überzogen." So lässt er – ungewollt – erahnen, wie der Ministerpräsident auf Schwierigkeiten reagieren wird. Es gibt politische Weggefährten, die ihn seit Jahrzehnten aus der Nähe kennen und befürchten, dass es ihm an

Entschlusskraft fehlen könnte. „Ein kleiner Oettinger steckt halt in jedem", sagt ein langjähriger Fraktionsmitarbeiter, in Anspielung auf die notorische Entscheidungsschwäche des CDU-Vorvorgängers.

Kretschmann ist Bildungsexperte. Er ist Lehrer, seine Frau ist Lehrerin, die Tochter ebenso. Und Kretschmanns Vater war auch Lehrer. Der hat im Dorf Kinder aus vier Jahrgängen in einer einzigen Klasse unterrichtet. Einer seiner Schüler hieß Winfried. „Mein Vater war ein sehr guter Lehrer", sagt er. Anfang der Fünfzigerjahre war in ganz kleinen Kommunen unvermeidlich – und galt damals keineswegs als pädagogischer Segen –, was heute als fortschrittliche Neuerung gepriesen wird. Kretschmann hat am eigenen Leib erlebt, wie Langsamere und Schnellere, Ältere und Jüngere sich gemeinsam entwickeln. „Zum Vorteil aller", ist er überzeugt. Und die Wissenschaft gibt ihm recht. Viele altersgemischte Projekte sind hinlänglich analysiert und viele Berichte darüber geschrieben worden, wie die Kinder voneinander profitieren, wenn sie zusammen verschiedene Rollen und Stadien durchlaufen. Zuerst sind sie die Kleinen, mit allem, was dazugehört, dann die Großen, die vorangehen und Verantwortung übernehmen. Lernen fürs Leben. Die gemeinsamen Erfahrungen machen stark.

Immer mehr Eltern leben heute in der Sorge, ihre Kinder würden nicht ausreichend gerüstet für die moderne Leistungs- und Konkurrenzgesellschaft. Winfried Kretschmann kommt aus einer Generation, in der der Aufstieg in der Familie erlebbar und selbstverständlich war. Seine Schwiegereltern waren Landwirte, seine Frau hat studiert.

In jeder bildungspolitischen Rede verspricht er, dass es ein bloßes Herumexperimentieren mit Schule bei ihm nicht geben wird: „Wir machen nichts, was nicht irgendwo auf der Welt schon funktioniert." Oft schickt er ein „Da können Sie ganz beruhigt sein" hinterher, selbst wenn gar keine Mütter und Väter da sind. Nicht erst seit dem Hamburger Bürgerentscheid für die Beibehaltung der frühen Trennung der Kinder weiß er nur zu gut, wie vermint dieser Acker ist und wie gefährlich der Versuch, Neues zu säen. „Wir wollen lernen", das war die Kampfparole der Reformgegner an der Elbe, als wollten die Reformbefürworter das nicht. Eltern können ebenso sensibel wie brachial sein. Und vielen Eltern sind viele Mittel recht, wenn sie das Wohl ihrer Kinder in Gefahr sehen und verhindern wollen, was ihnen für sie nachteilig erscheint.

Scharfe Konflikte in der Bildungspolitik sind Kretschmann vertraut. Über Jahre hinweg hatte er es mit einem Kultusminister namens Gerhard Mayer-Vorfelder zu tun, dessen konservativ-autoritäres Weltbild zusammen mit einem eher rustikalen Politikstil Sozialdemokraten und Grünen beträchtliche Angriffsflächen bot. Einmal hat er ihm vom Rednerpult des Parlaments aus der Landesverfassung vorgelesen: „Jeder junge Mensch hat ohne Rücksicht auf Herkunft oder wirtschaftliche Lage das Recht auf eine seiner Begabung entsprechende Erziehung und Ausbildung. Das öffentliche Schulwesen ist nach diesem Grundsatz zu gestalten." Manchmal ergab sich allerdings auch Überraschendes. 1982 verlangt Kretschmann im Landtag, kleine Dorfschulen auf dem Land – „Zwergschulen" hießen sie damals im Volksmund – konkurrenzfähig gegenüber städtischen Schulen zu halten. Die grüne Forderung will nicht romantisch verklären, sondern dörflichen Lebensbedürfnissen entsprechen. Aber zum bildungspolitischen Zeitgeist der Achtzigerjahre steht sie ziemlich quer. „Das sind die letzten linken Eierschalen, die wir jetzt ablegen", sagt Kretschmann, als er den Antrag eingebracht hat. Irgendwann lenkt Mayer-Vorfelder ein, Dorfschulen bleiben erhalten und werden gestärkt. Erlebnisse wie diese werden Kretschmann immer widersprechen lassen, wenn Oppositionsarbeit als unnütz abqualifiziert wird. Ob sie nicht Mist sei, wie Herbert Wehner vor Jahrzehnten gesagt hat, will ein Radiointerviewer nach der Wahl wissen. Bei solchen Fragen zieht Kretschmann die Augenbrauen hoch, ärgerlich und amüsiert zugleich. Hätte er dergleichen nötig gehabt, hätte er spätestens von Erhard Eppler lernen können: So manche Oppositionspartei, hatte der oft gesagt und natürlich die SPD in Baden-Württemberg gemeint, übe auf den Gang der Dinge mehr Einfluss aus als so manche Regierungspartei anderswo.

In diesen langen Jahren auf harten Oppositionsbänken haben Grün und Rot unterschiedliche bildungspolitische Ideen entwickelt. Vor sieben Jahren – einmal mehr schielen sie zu Oettingers CDU hinüber – legen die Grünen ihr Konzept einer neunjährigen Basisschule vor. Nicht ohne Seitenhieb auf die Sozialdemokratie, deren Idee der Gesamtschule ohne politische und gesellschaftliche Akzeptanz geblieben sei. Später kommen sich die beiden Fraktionen näher, so nah, dass sie vier Wochen vor dem 27. März 2011 ein gemeinsames Eckpunktepapier vorlegen, das jetzt in der Regierung seine Tragfähigkeit beweisen soll. Es ist das Ergebnis der bisherigen und Basis der zukünftigen Arbeit. Manches liest sich banal („Die gute Schule von morgen ist leistungsstark, wohnortnah, vielfältig, sozial ausgewogen und inklusiv") und weckt zugleich hohe Erwartungen. Gerade in der Bildungspolitik soll der im Wahlkampf so oft versprochene Politikwechsel besonders deutlich werden. In dem Koalitionsvertrag, den Kretschmann und Schmid am 27. April vorstellen, wird die Gemeinschaftsschule im Schulgesetz verankert, Kinder bekommen die Chance, bis zur zehnten Klasse zusammenzubleiben, Ganztagsschule wird Standard. Das Land hat auch in diesem Bereich noch immer einigen Nachholbedarf. Zudem will es sich – anders als unter der schwarz-gelben Vorgängerregierung – wieder stärker finanziell an der so dringend notwendigen Sozialarbeit an öffentlichen Schulen beteiligen. Grün-Rot hat sich gemeinsam dem über allem schwebenden Ziel verschrieben, Schulerfolg unabhängig werden zu lassen von sozialer Herkunft. Die „alten Schützengräben" in der Bildungsdebatte will Kretschmann endlich überwinden – in der sicheren Gewissheit, dass sich dies für die Gesellschaft insgesamt auszahlt.

Im winterlichen Vorwahlkampf besucht Kretschmann eine sehr spezielle Schule im Stuttgarter Stadtteil Bad Cannstatt. 1997 haben hier Eltern einen Nachhilfeverein für drei Dutzend Kinder gegründet. Als immer mehr kamen, wurde die Schulidee geboren. Im Herbst 2004 ging's los mit acht Kindern im Gymnasium und zehn in der Realschule. Im Dezember 2010 kam der Oberbürgermeister persönlich zum Spatenstich für ein neues Gebäude, in dem 650 Kinder und Jugendliche unterrichtet werden. Die Privatschule trägt den ungewöhnlichen Namen „Wissen", allerdings nicht in deutscher Sprache. Sie heißt auch nicht „Savoir" oder „Knowlegde", sie heißt „Bil". Die Gründer sind Türken, viele Lehrer und noch mehr Schüler haben türkische Wurzeln, nur gut zehn Prozent der Kinder einen deutschen Pass. Gesprochen wird Deutsch. Wer sich vertut, zahlt 50 Cent in die Klassenkasse. Unterrichtet wird nach baden-württembergischen Lehrplänen. „Ich bin pünktlich", das ist eine der Regeln, die in den Klassenzimmern hängen. „Das ist eine wirklich wunderbare Schule für Kids", begeistert Kretschmann sich. Und fügt hinzu, dass eigentlich nicht einzusehen ist, warum das staatliche Schulwesen so viel Kreativität links liegen lässt.

Wiederum in Bad Cannstatt ist eine weitere schulische Neuheit in der Planung. Ausgerechnet eine CDU-Frau, die zuständige Bürgermeisterin Susanne Eisenmann, will sechs Jahre gemeinsames Lernen in einer Grundschule zulassen. Stuttgarts Gemeinderat ist dafür, die Schulverwaltung war dagegen, die bildungspolitischen Hardliner in der CDU-Fraktion auch. Nach der Landtagswahl wollte CDU-Ministerin Marion Schick, ein unverkrampfter Import aus Bayern, den Kampf um die Öffnung der Systeme aufnehmen. Daraus wird nun nichts. Jetzt wird Grün-Rot im Land Susanne Eisenmann unterstützen. Auch die Bildungspolitik ist ein wichtiger Grund für das schlechte Abschneiden von Schwarz-Gelb. Während der Koalitionsverhandlungen wird eine Bertelsmann-Studie publik, die das Thema als Megathema ausweist. Und belegt, wie viele Eltern mit dem Bildungssystem unzufrieden sind und bereit wären, höhere Steuern zu zahlen für effiziente Verbesserungen.

In den einschlägigen Debatten geht es schon seit Langem nicht nur darum, dass sich die Lernwelt den Kindern anpassen soll und nicht umgekehrt, um das Schöpferische, mehr Freude im Alltag und Entfaltung der Talente. In einer der reichsten Regionen der Welt geht es aber auch um Bildungsgerechtigkeit. Wer in Baden-Württemberg aus sozial schwächeren Schichten kommt, das hat sich inzwischen herumgesprochen, besitzt von vornherein – im statistischen Mittel – schlechte Karten und das Kind von Besserverdienern bessere. Die Entkoppelung von Herkunft und Schulerfolg, also mehr Chancengleichheit, das ist für Kretschmann eine der großen Herausforderungen seiner Regierung. Da wird er sehr deutlich: „Wenn die Wirtschaft nach Bildung, Bildung, Bildung verlangt, dann komponieren wir die Bildung noch lange nicht nach den Wünschen der Wirtschaft." Eher im Gegenteil – das sagt er nicht, aber es hört sich so an.

Schon früh hat er sich mit grundsätzlichen Fragen der Wechselwirkung befasst. Ist die Hauptschule und sind die, die sie besuchen, wirklich schlechter geworden oder sind die Ansprüche davongaloppiert? „Dem rabiaten Modernisierungskurs, der mit einer enormen Geschwindigkeit über die Gesellschaft hinwegfegt, können kulturelle Instanzen natürlich nur schwer hinterherkommen", sagt er im April 1989 im Landtag. Erwin Teufel, damals Fraktionschef, ruft dazwischen: „Das ist richtig, aber glauben Sie, dass das in einem Bundesland aufgehalten werden kann?" Nein, das glaubt auch Kretschmann nicht, aber das ist auch gar nicht sein Thema. Ihm geht es um eine grundsätzliche Betrachtung von Problemen und der aus ihnen resultierenden Entwicklungen. Und er hält Reden, die er Jahr für Jahr wiederholen könnte, zum Beispiel über die Gefahr, dass Hauptschule Restschule wird, die zu geringe Chancen bietet. Ähnlich zeitlos ist sein Gegenrezept: Die Grünen wollten und wollen verschiedene Begabungen nicht in verschiedene Schulen schicken, sie wollen niemanden zurücklassen, sondern persönliches Eingehen auf jede(n) einzelne(n), sie wollen einen Unterricht, der ganz gezielt soziale Unterschiede auszugleichen versucht, sie wollen kleinere Klassen und die Schule zu einem Lebensort umbauen. „Unsere Überschrift heißt individuelle Förderung", sagt Kretschmann heute. Er hätte es damals genauso sagen können.

In der Reformdebatte kommt einmal mehr das Prinzip vom Denken im Dreieck wieder zum Tragen: Lernen mit Kopf, Herz und Hand. „Das Auge will sehen, das Ohr will hören, der Fuß will gehen und die Hand will greifen", schreibt Johann Heinrich Pestalozzi, der Schweizer Pädagoge und Sozialreformer Anfang des 19. Jahrhunderts, „aber ebenso will das Herz glauben und lieben, der Geist will denken." Langjährige Mitarbeiter halten Kretschmann für „kreativ in fast jeder Lebenslage", für „einen Gestalter aus Leidenschaft". Allerdings brauche alles seine Zeit. Manchmal versinkt er in sich, dann wissen die, die ihn gut kennen, dass er nachdenkt, statt ihren Ausführungen zu folgen. Wenn er fertig ist mit Denken, lässt sein Hirn die Hände so tun, als würden sie die vor ihm liegenden Papiere neu ordnen. Jetzt hört er nicht nur wieder zu, jetzt hat er im Regelfall auch einen neuen, die Debatte vorantreibenden Vorschlag zu bieten. Er wird von seinem Team bewundert und belächelt zugleich, sie haben sich abgefunden mit seinen Eigenheiten, mit seinem Pessimismus, wie einer sagt – dass „das Glas nie halb voll, sondern immer halb leer ist" –, oder mit seiner Art, eine Fraktion zu führen wie eine gute Schule. Jeder Abgeordnete, ist der bisherige Chef überzeugt, soll wie ein Pädagoge den Bürgern und Wählern vermitteln, worauf es ankommt. Und zwar so lange, bis die es begriffen haben. Da ist sie wieder, die fast an einen Kinderglauben erinnernde, hoffende Erwartung, dass alles verstehbar und verstanden wird, wenn nur alle Gutwilligen sich Zeit nehmen und Mühe geben.

Im Juni 2008 veranstalten die Grünen eine Anhörung im Landtag. Wissenschaftler sind gekommen, um sich gemeinsam mit Abgeordneten und Interessierten einen Samstag lang intensiv auszutauschen über die Schule der Zukunft. „Neben unserem angestammten Hausthema, der ökologischen Politik, ist Bildungspolitik inzwischen das zweite wichtige Standbein, der zweite Schwerpunkt unserer Politik", sagt Kretschmann in seiner Begrüßung. Fraktionschefs verlassen solche Termine meistens nach solchen Ansprachen, überlassen das Feld den Fachpolitikern. Kretschmann bleibt länger. Es geht um sehr Prinzipielles, zum Beispiel um Entstehen und Bewerten von Intelligenz. Das Publikum lernt: 68 Prozent der Menschen sind ziemlich ähnlich intelligent. Warum dann ein dreigliedriges Schulsystem? Still ist es im Saal, viele hören gebannt zu. Danach wird debattiert, weitere Vorträge folgen. Am Ende sind mehr als sieben Stunden vergangen. „Wer mit so viel Ernsthaftigkeit Oppositionspolitik gemacht hat", sagt Kretschmann später mit Genugtuung, „dem muss nicht bange sein, wenn es ans Regieren geht."

Bange ist ihm nicht. Noch nicht. Bange könnte ihm allerdings werden, wenn zwei der versprochenen Reformvorhaben sich in die Quere kommen und engagierte Eltern auch. Die Opposition, die sich erst in die neue Rolle einfinden muss, zeichnet düstere Bilder vom Schulkampf an der Basis, wenn sich demnächst ausgerechnet im Land der „global players" jedes Dorf seinen eigenen Schultyp basteln darf. „Es kann nicht sein, dass, wer neue gute Ideen hat, eine Privatschule gründen muss, weil er im staatlichen Schulwesen blockiert wird", hält Kretschmann dagegen.

Das Engagement von Eltern kann allerdings auch unbequem werden und muss nicht immer in die vernünftigste Richtung gehen. In der badischen Rheinschiene haben vor Jahren mehrere Mütter und Väter dagegen geklagt, dass ihre Kinder, nachdem sie nach dem Motto „Lerne die Sprache deines Nachbarn" in der Grundschule spielerisch mit Französisch begonnen hatten, im Gymnasium mit Französisch weitermachen müssen. Ihr Argument: zu wenig Englisch, und das ist schlecht für unsere Kinder. Die Aufregung war gewaltig. Kretschmann könnte den Vorgang als Bedienungsanleitung für Vermeiden oder Bewältigen gesellschaftlicher Konflikte nutzen. Die Eltern bekamen recht vor Gericht. Auch der Grünen-Fraktionschef hatte auf ihrer Seite gestanden, mit der Begründung, sie hätten nicht übergangen werden dürfen. Was aber tun, wenn Eltern trotz intensiver

Bemühungen keine Einsicht zeigen? Wissenschaftliche Erkenntnisse sprechen ausnahmslos für Französisch. Beziehungsweise dafür, irgendeine andere Sprache zu erlernen, wie Russisch oder Latein, weil so nicht nur die Sprache selbst gelernt werden kann, sondern auch das Erlernen einer Sprache überhaupt. Und weil das vergleichsweise einfache Englisch später ohnehin dazukommt. Manche Erkenntnisse kommen nicht gegen den Zeitgeist an, der Wind weht in eine ganz andere Richtung. Eltern verbinden heute Modernität, Aufstieg und Karriere mit Englisch. Das alles wollen sie ihren Kindern nicht vorenthalten. Für Kretschmann stellt sich die Frage: Was also tun im Konflikt mit Eltern, die nicht wollen, wie er will?

Er werde reden, sagt er, reden, reden. Dazwischen, wie er es gern tut, immer wieder ein bekräftigendes „Ja" einfließen lassen. Reden in dieser Tonlage, die er sich über Jahre angewöhnt hat – mit einer Unschärfe, die dem, der einmal darauf gestoßen ist, immer wieder auffällt: Kretschmann spricht mit falschen Hebungen, setzt klitzekleine Fragezeichen da, wo keine hingehören, um dem Gesagten den Befehlston, das Oberlehrerhafte zu nehmen. Er würde reden, sagt er genau auf diese Art: „Des isch so."

12 Vorsicht, Frauen!
Über Quoten und Nachholbedarf

JEDEN TAG GEHT Winfried Kretschmann, wenn er die Räume seiner Landtagsfraktion im Stuttgarter Haus der Abgeordneten betritt, an einem Plakat vorüber. Es ist groß und auffällig, und Frauen zaubert es auch nach Jahren noch ein Lächeln aufs Gesicht. Entworfen wurde es Anfang der Neunzigerjahre. Mitten darauf prangt ein großes grünes Bügeleisen, darüber und darunter steht in Riesenlettern: „Männer dürfen nicht länger von bestimmten Berufen ausgeschlossen werden." Die Grünen, sagt Kretschmann, hätten immer wieder ironische Wahlplakate gemacht. Aber Ironie in der Politik? „Politik soll nicht Spaß machen, sondern Sinn", auch das ist einer seiner Lieblingssprüche. Außerdem ist er kein Feminist. Aber welcher Mann ist das schon?

Noch ein Bild aus alten Tagen. Eine Putzfrau sitzt auf einem Ledersessel. Sie hat alle Insignien der Männermacht dabei: den dicken Füller, die dicke Uhr, die dicke Zigarre. „Dufte Jungs beim Hearing: machen gleich Platz", legt ihr die Zeichnerin Marie Marcks in den Mund. Die „Emma" gehört Anfang der Achtziger zum guten Frauenton, die Februarausgabe macht bereits die Runde, als Winfried Kretschmann am 27. Januar 1982 seine erste frauenpolitische Rede hält. Sie ist nicht sehr lang, sie ist nicht sehr grundsätzlich, dafür aber richtig artig: „Wenn jeder Kollege hier im Landtag sich fest vornehmen würde, einen Abend mehr zu Hause bei Frau und Kindern zu sein, dann wäre das ein wichtiger praktischer Beitrag der Politiker zur Entlastung und Unterstützung der Frauen." Fraktionsmitarbeiterinnen machen sich noch lange lustig über diesen Satz. Der Kampf um die Gleichberechtigung von Mann und Frau, konkretisiert in der bis heute bestehenden Doppelspitze der Partei, gehört „zu unseren Gründungsmythen", wird er später sagen. Zu eigen gemacht hat er ihn sich nie.

Daheim in Sonderbuch, dem Dorf auf der Schwäbischen Alb, waren die Rollen auch in aufgeklärten, liberalen Familien klar verteilt. Es ist die Zeit und die Gesellschaft, in der Frauen die Männer in der Stadt bemitleiden, die im Haushalt mithelfen wollen oder müssen. Auch im Studium trifft Kretschmann nicht auf die Welt von Betty Friedan, deren Bestseller über den Weiblichkeitswahn damals weltweit drei Millionen Mal verkauft wird. Friedan wetterte unter anderem gegen die ständig anschwellende Vielfalt von Putzmitteln – so wolle die Industrie Frauen als Expertinnen im Haushalt festnageln. Über Mechanismen wie diese debattierten fast ausschließlich Frauen. Die Männer, selbst oder gerade die im Kommunistischen Bund Westdeutschlands, verhielten sich entsprechend, sahen den Staat eher als Männerbund, befassten sich lieber mit der Hierarchie und der Entscheidungsgewalt in (patriarchalen) Arbeiterfamilien. „Da hat es doch gar keine Frauen gegeben", sagt Kretschmann spontan im Rückblick. Aber es gab Forderungen wie die, nicht der Betroffenen das letzte Wort über Abtreiben oder Austragen zu überlassen, sondern der „demokratischen Entscheidung der Arbeiterfamilie".

Auch die Lehrmeisterinnen Hannah Arendt und Jeanne Hersch konnten dem aufstrebenden jungen Mann nicht zu anderen Einsichten verhelfen. Beide betonen in ihren Schriften und Reden, wenn sie sich überhaupt damit befassen, die Fragwürdigkeit der Frauenbewegung, auch weil sie deren Durchschlagskraft bezweifeln. In der Partei, die Kretschmann dann mitbegründet, haben Feministinnen von Anfang an ein gewichtiges Wort mitzureden. „Die Situation der Frauen ist nicht nur gekennzeichnet durch kapitalistische, sondern auch durch patriarchalische Macht- und Abhängigkeitsverhältnisse", heißt es in einem der ersten Papiere zum Thema, und die biologische Fähigkeit der Frau zur Mutterschaft „darf ihr nicht zum Pferdefuß in ihrem Berufs- und Privatleben werden". Männer können in den Anfangsjahren auf Landesdelegiertenkonferenzen überhaupt nur dann das Wort ergreifen, wenn gleich viele Frauen reden, und so mancher Mann durfte nicht ans Mikrophon, weil es keine Wortmeldungen von Frauen mehr gab. Noch heute muss das Präsidium gelegentlich dazu aufrufen, in der Debatte Geschlechterparität herzustellen. Immerhin: Geht es um Parteiämter oder Bundestagsmandate, ist grünen Frauen immer mindestens die Hälfte davon garantiert.

Kretschmann bleibt manches an diesem Denken fremd. Mitte der Achtzigerjahre ist die Partei gerade einigermaßen stabil, knapp ist das Geld trotzdem, und die Grünen beschäftigen eine einzige hauptamtliche Referentin. Ausgerechnet für Frauenfragen. Die Auserwählte, Inge Leffhalm, steigt später zur Landesgeschäftsführerin auf. Inzwischen betreibt sie einen Laden in Stuttgart, in dem sie selbstproduzierte Nudeln verkauft, Kräuter hackt, Suppen kocht und Saucen rührt. Sie muss lachen, wenn sie sich erinnert, wie „der Winfried" ihre Festanstellung bekämpft hat. Für ihn ging es da um Gleichberechtigung kontra Ökologie, und letztere müsse siegen. Auch Gerlinde Kretschmann meldete sich zu Wort: Sie sei zufrieden mit ihrer Aufgabe als Hausfrau und Mutter, und das Thema Emanzipation halte sie für überbewertet. „Kretschmann und andere haben da ganz orthodox in der marxistischen Terminologie argumentiert", erzählt Inge Leffhalm. Nach dem Muster: die Unterdrückung der Frau nicht als Haupt-, sondern als Nebenwiderspruch im Klassenkampf, ein abgeleitetes Problem sozusagen, das sich in Luft auflöst, wenn der große Sieg eingefahren ist.

Die Unterschiede zwischen Theorie und Praxis holen die Grünen im Frühling 2011 in den Tagen der Regierungsbildung ein bei diesem Thema, das Konjunktur hat und zugleich in die Jahre gekommen ist. Wenn sogar eine CDU-Arbeitsministerin in Berlin laut über gesetzliche Regelungen nachdenkt, um mehr Frauen den Aufstieg in Führungspositionen zu ermöglichen, wenn selbst bürgerliche Regierungen in Europa bei der Kabinettsbildung halbe-halbe machen, dann geht es in Baden-Württemberg vorrangig um die Deckung von Nachholbedarf. Zu gewinnen ist da nicht viel. Beide Koalitionsparteien haben sich schon lange einen frauenemanzipatorischen Anspruch auf die Fahnen geschrieben, und wenn nun ein Regierungschef Kretschmann mehr Frauen zu Ministerinnen und Staatssekretärinnen beruft als bei Schwarz-Gelb, darf er mit enthusiastischen Reaktionen einer an den Mechanismen der Gleichberechtigung wenig interessierten Öffentlichkeit kaum rechnen. Zugleich aber ist viel zu verlieren. Die Dachorganisation aller Frauenverbände in Baden-Württemberg, der Landesfrauenrat, verlangt, dass „frauenpolitisch endlich etwas vorangeht". Und da appellieren nicht nur die DGB-Frauen oder Frauenorganisationen aller Parteien, einschließlich der CDU, da appellieren auch der Hausfrauenbund oder der Schwäbische Frauenverein, der Mütterverein und der Hebammenverband. Baden-Württemberg ist traditionell Schlusslicht bei vielen einschlägigen Ländervergleichen in der Wissenschaft, in der Wirtschaft, in der Politik und in der Landesverwaltung.

Die Grünen haben die Gründe dafür beschrieben. Es gebe sogar in der eigenen Partei immer wieder Tendenzen, dieses (Querschnitts-) Politikfeld „Frauenpolitik" an den Rand zu drängen und auch die Quote grundsätzlich in Frage zu stellen, schreibt die zuständige Landesarbeitsgemeinschaft. Und weiter: „Viele Menschen halten Frauenpolitik im Zeitalter der scheinbar vollzogenen Chancengleichheit für überflüssig." Zu denen zählt Winfried Kretschmann nicht mehr. Er greift sogar zu dem, was er „ein besonders scharfes Instrument" nennt: Von Quoten hält er generell gar nichts, das Thema Frauen nimmt er ausdrücklich aus. „Das habe ich eingesehen", sagt er wenige Tage vor der Regierungsbildung, „weil sich sonst nichts ändert." Das Plakat mit dem Bügeleisen ist gerade abgehängt. Die Büroräume der Grünen müssen umgebaut, vor allem der Sitzungssaal erweitert werden. Die neue Fraktion zählt 36 Abgeordnete, ein knappes Drittel ist weiblich. Insgesamt allerdings sitzen im neuen Landtag von Baden-Württemberg weniger Frauen als im alten, nämlich gerade mal 18 Prozent.

„Wir müssen uns alle darüber im Klaren sein, dass die Politik relativ wenig zur Emanzipation der Frauen beitragen kann", hat Kretschmann einst gesagt. Er sollte recht behalten. Weil sich zu wenig geändert hat, muss sich nun etwas ändern. Die Latte liegt hoch: Grün-Rot will überprüfen, wie das Wahlrecht auf kommunaler und auf Landesebene geschlechtergerechter gestaltet werden kann. Die Kommunen im Land müssen sich darauf einstellen, dass ein Instrument aus der Mottenkiste geholt wird, das vor Jahrzehnten schon mal gut funktioniert hat, aber von vielen der gewöhnlich männlich dominierten Gemeinderäte als unbequem wieder abgeschafft wurde: Frauenbeauftragte. Neudeutsch heißen sie Gleichstellungsbeauftragte und sollen gesetzlich verankert werden. Der neue Ministerpräsident ist gewissermaßen ein Altkollege: Vor langer Zeit war er mal frauenpolitischer Sprecher der Fraktion. Dass er auf diesem Acker Furchen hinterlassen hätte, ist nicht überliefert. Jetzt kann nachgearbeitet werden.

13 Das Schwaben-Gen

Nachhaltigkeit als Methode der Ökonomie

FINANZPOLITIKER SIND NICHT selten sonderbare Typen. Gesellt sich zur Leidenschaft für Zahlen das anhaltende Interesse, die Grundsätze des Föderalismus weiterzuentwickeln, kann's kurios werden. Ein buntes Völkchen baden-württembergischer Landtagsabgeordneter bereist im Herbst 2007 Kanada, nicht um sich in seinen endlosen Wäldern zu verlieren, sondern um Daten und Fakten zu bedenken, um sich Einblick ins Dickicht der föderalistischen Finanzpolitik zu verschaffen. Mit von der Partie sind Winfried Kretschmann und Nils Schmid. Dass sie vier Jahre später daheim im fernen Stuttgart die schwarz-gelbe Landesregierung beerben werden, darauf kommen sie in den berühmten kühnsten Träumen nicht. Kretschmann, immerhin Fraktionsvorsitzender, malt sich diskret aus, wie es wäre, als Finanzminister in einer schwarz-grünen Koalition unter Günther Oettinger vorzuführen, wie sparsames Haushalten mit nachhaltiger Innovation zusammengeht. Schmid ist Abgeordneter und zugleich promovierter Finanzexperte. Abends sitzen die beiden auch nach einem langen Tag zusammen und debattieren die Abgründe horizontaler und vertikaler Ausgleichssysteme.

Traditionell werden weder Sozialdemokraten noch Grüne als gestrenge Sparmeister eingeschätzt, erst recht, wenn sie über Jahre aus der Opposition nicht herauskommen. In Baden-Württemberg allerdings liegen die Dinge ein wenig anders. Das Schwaben-Gen ist nach herrschender Lehre von Stammeskundlern wie Stammtischbrüdern ein Phänomen, das Parteien wie Schichten eint. „Greeßre Schritt mache ond Absädz schbare", diesen satirischen Rat gab einst Heimatdichter Helmut Pfisterer seinen Landsleuten mit auf den Lebensweg der Ressourcenschonung. Sogar bei den Grünen sicherte sich bislang noch jeder Fraktionschef einen Platz im Finanzausschuss. „Den einzelnen Ausschüssen gehören die jeweiligen Fachleute der Fraktionen an", heißt es lapidar in einer Selbstdarstellung des Landtags. Auch Kretschmann kann gar nicht anders, als früh das liebe Geld in den Blick zu nehmen. Schon in seiner siebenten Landtagssitzung muss der Neuling zum Nachtragshaushalt sprechen. Wenige Wochen später hat er gleich sechs (!) Auftritte an drei Tagen zum Doppelhaushalt 1981/82. Es ist die Zeit, in der Lothar Späth dem Publikum mit der Zusage zu imponieren versucht, demnächst keine neuen Schulden mehr aufzunehmen. Eingelöst wird das Versprechen, im Fachjargon die „Nettonull", erst fast 30 Jahre später von Oettinger.

Nicht selten sind Finanzpolitiker auch weniger ideologiegesteuert als Kollegen, die sich mit Schulsystemen oder dem Straßenbau befassen. Haushälter verstehen sich über Fraktionsgrenzen hinweg, interessieren sich gemeinsam für zentrale Bereiche der Landespolitik, vor allem wenn sie finanzwirksam sind. Schmids Parteifreund Ingo Rust, trotz seiner Jugend anerkannter Vorsitzender im Finanzausschuss, trifft sich immer mal wieder mit Kretschmann. Der Protestant und der Katholik reden weniger über Etatdetails, sondern mehr darüber, wie Christen bestehen können im politischen Alltag. Rust schätzt den Grünen, der sein Vater sein könnte, sehr, weil er sich in den acht Jahren gemeinsamer Arbeit nie in den Vordergrund gespielt hat. Weil er „nur redet, wenn er etwas von der Sache versteht", weil er ein Streiter für die Sache des Parlaments ist, einer, der manchmal gar nicht aufhören kann sich zu ereifern, wenn die Regierung mal wieder die Volksvertreter – wie jüngst beim milliardenschweren Rückkauf von Aktien des Energieversorgers EnBW – übergeht. In Kanada dabei ist auch einer aus der CDU, der viel Gutes sagt über den Grünen: Gerhard Stratthaus. Er war der längstgediente Finanzminister der Republik, bis ihn Oettinger aufs Altenteil schickte. Stratthaus mag Kretschmann. „Schon immer", sagt er lächelnd. Kretschmann mag Stratthaus. Als er im Landtag seinen 60. Geburtstag feiert, lädt er den CDU-Politiker ein, und der hält eine Laudatio, wie auch Daniel Cohn-Bendit.

Schon immer machte sich der Pädagoge im Politiker Gedanken, wie Normalsterbliche für die komplexe Finanzthematik interessiert werden können, um „die Kluft zwischen uns und den Menschen, für die wir entscheiden", zu verringern. Im Lauf der Jahre wird sie aber breiter. Auch Kretschmann mit seiner allzu optimistischen Ansicht, Zusammenhänge brauchten nur lange genug erläutert, um verstanden zu werden, scheitert. Viel zu ausufernd, viel zu sperrig ist die Materie, viel zu eingefräst der Kauderwelsch unter den Experten. „Ich schlage eine zweistufige Regelung aus Schuldengrenze und Schuldenbremse vor, in einer Balance zwischen einem klaren Verpflichtungsrahmen zur Nachhaltigkeit und dem Erhalt der Handlungsfähigkeit der Parlamente bei ihrem Königsrecht, der Haushaltspolitik", sagt er einmal am Rande der zweiten Föderalismuskommission in Berlin. Dann schaut er unsicher in die Kameras. Verpflichtungsrahmen? Königsrecht? Schuldenbremse? Könnte sein, dass da beim Publikum Bedarf nach Erläuterungen besteht. Er erspart sie sich und den Zuhörern. Wichtiger ist vielleicht die indirekte Botschaft, dass da ein Grüner ist, philosophischer Neigungen verdächtig, der zugleich aber etwas von Zahlen versteht und von Wirtschaft, bei dem womöglich der Strom nicht einfach aus der Steckdose kommt und das Geld aus dem Bankomaten. Gern erwähnt der Ethiklehrer seine vielen Besuche in den Firmen heimischer Mittelständler. Und legt spürbar Wert darauf, dass die nicht den Eindruck gewinnen, da stehle ihnen ein ahnungsloser Tor ihre kostbare Zeit, bloß damit anderntags ein nettes Bild im Blättle steht. Auch so erwirbt ein Grüner den Ruf bodenständiger Solidität.

Stratthaus und Kretschmann, Schmid und Rust, die Finanzer, sie können sich fachkundig austoben in Kanada. In Dutzenden Expertenrunden, auf Bundes-, Provinz- und kommunaler Ebene. Einmal stecken sie die Köpfe zusammen auf einer Terrasse im 40. Stock eines Hotels in Toronto, auf der Normalsterbliche sich begeistern würden für die gewaltigen Nebelschwaden, die vom Ontariosee hereinziehen und tief unten durch Straßenschluchten wabern. Kretschmann bewegt gerade etwas anderes: ein neues Verständnis von Rechnungshof. In der Bundesrepublik prüft diese Behörde Ausgaben, nachdem sie längst getätigt sind – und rügt, wenn ihr etwas missfällt. In Ottawa greift der „treasury board" ein, ehe Maßnahmen beschlossen werden. „Das ist eine völlig andere Art zu denken", lobt Kretschmann.

Wer als Bundesbürger im zweitgrößten Staat der Erde unterwegs ist, reist immer auch auf den Spuren des Lothar Späth. Der hatte Ende der Achtziger erfolgreiche Regionen zu den „Vier Motoren Europas" zusammengebracht: neben dem deutschen Südwesten Katalonien, Rhône-Alpes und die Lombardei. Die Provinz Ontario wurde der Fünfte im Bunde. Die Regierungschefs – für gewöhnlich aus bürgerlichem oder liberalem Lager – wollten, dass die Verwaltungen und die Hochschulen, die Unternehmen und Verbände voneinander lernen. Das Ziel: Jenen Platz auf der Überholspur verteidigen, von dem sie meinten, dass er ihnen zustehe. Kretschmann ist solches Denken fremd. Einmal, in einer Antwort auf eine Regierungserklärung anno 1984, hat er Späth persönlich Angeberei vorgeworfen und „streberhafte Großmannssucht", weil er immer den Klassenprimus spiele, ständig auf der Suche nach Bereichen, „in denen das Land Spitze ist, in denen Sie der Größte, Schnellste, Unkonventionellste sind". Er will Wettbewerb nicht, damit es am Ende Erste und Letzte gibt, also Sieger und Verlierer. Sondern um die Phantasie zu beflügeln, um Ideen zu entwickeln für die vernünftigste Problemlösung. Bei den vielen Gesprächen in Ottawa und Toronto macht er sich unentwegt Notizen. Manchmal versinkt er in sich, als ob er schon grübelte, ob und wie die Erkenntnisse aus Kanada umzulegen sind auf die Verhältnisse daheim. Dabei ist er da noch himmelweit entfernt von jeder Regierungsverantwortung.

In knappen Finanzen, das sagt Kretschmann immer wieder, sieht er die Chance zur Innovation. Er ist ein vehementer Vorkämpfer nachhaltiger Finanzpolitik, einer Schuldenbremse, wie sie noch in diesem Jahrzehnt bundesrepublikanische Realität wird. Und er vertritt Baden-Württemberg mit mehreren anderen in der Föderalismuskommission II, die sich mit der Neuordnung der Finanzbeziehungen in der Republik zu befassen hat und von Günther Oettinger und dem Sozialdemokraten Peter Struck geleitet wird. Auch dieses Thema war ein Motiv für die Reise nach Kanada, denn hier gibt es ausgeprägte Unterschiede im Vergleich zu Deutschland. Vor über 140 Jahren wurde per Verfassung ein System verankert, das den zehn Provinzen Gesetzgebungs- und Ertragskompetenzen für sämtliche Steuern zuweist. Der Einkommensteuersatz des Bundes liegt zwischen 15 und 29 Prozent. Zusätzlich erheben die Provinzen zwischen knapp sechs und 18 Prozent eigene Steuern. Auch die Körperschaftssteuer ist unterschiedlich hoch, und die Umsatzsteuer erst recht. Die Öl-Region Alberta will gar keine. Mehr noch: Alle Bürgerinnen und Bürger bekommen in besonders guten Jahren Steuern zurückerstattet.

Viele heikle Fragen treiben Kretschmann und die anderen Besucher aus Deutschland um. Sind Abschläge auf Steuern in einzelnen Ländern (natürlich den reichen wie Baden-Württemberg) zulässige Instrumente, Unternehmen, Wissenschaftler oder Facharbeiter anzulocken, das heißt, von anderswo abzuwerben? Können Zuschläge Standortvorteile bringen, um Kindergärten, Schulen oder Hochschulen besser auszustatten, Großprojekte wie eine neue Startbahn oder den Umbau eines Hauptbahnhofs zu finanzieren, Umweltschäden zu verhindern oder zu beheben? Die Föderalismuskommission zur Reform der staatlichen Finanzbeziehungen scheut am Ende eindeutige Entscheidungen.

Zum Klischee von der Sparsamkeit der Schwaben kommt ein zweites hinzu: das von ihrem ausgeprägten Fleiß. Beides gehört zum stolzen Bild, das Eingeborene hier von sich selbst haben und das ihnen zigfach zugeschrieben wird von anderen. Ihm geben christlich-demokratische Regierungschefs von Filbinger bis Mappus gern Zucker im Zusammenhang mit dem Länderfinanzausgleich. Am politischen Aschermittwoch, in Hinterzimmern und Sonntagsreden singen sie das (An-)Klagelied von den Empfängerländern, die lächelnd das in Baden-Württemberg mühsam verdiente Geld einstecken, um es anschließend in Wohltaten für die eigenen Landsleute zu investieren. Rheinland-Pfalz beispielsweise bekommt Geld aus Stuttgart – und gönnt den Eltern beitragsfreie Kindergärten. Der Tenor in Baden-Württemberg: „Die leisten sich Dinge von unserem Geld, die wir uns nicht leisten. Und damit muss endlich Schluss sein."

Es stimmt: Kein anderes Land in der Republik zahlt in diesen Topf so lange und so viel wie Baden-Württemberg. Und es stimmt vor allem, dass die Materie viel zu kompliziert ist, um im Holzschnitt abgebildet zu werden. Winfried Kretschmann hält in seinen Reden, in Diskussionen und Plenardebatten dagegen. Auch er macht einen Ausgleichsversuch: Alle 16 Länder, die ärmeren und die reicheren, müssen mit ins Boot, wenn eine Reform gelingen soll – die wer-weiß-wievielte übrigens. Wie oft schon hat er erlebt, dass Stuttgarter Ministerpräsidenten von Verhandlungen heimkamen mit der triumphalen Botschaft, jetzt endlich hätten sie die Ausplünderung des Landes auf Dauer beendet. Kretschmann versucht nicht Punkte zu machen, sondern Erkenntnisse zu vermitteln. Zum Beispiel die, dass man beim Ausgleich der Finanzen unter den Ländern absichtlich das Ausgabenauge zudrückt und dass allein die jeweiligen Einnahmen berechnet werden. Weil der Föderalismus torpediert wäre, wenn ein Land dem anderen vorschreiben könnte, wofür es welches Geld verwenden darf. Und: Wer günstigere Konditionen will, dem rät Kretschmann dringend zu einer gemäßigten Tonlage. Auch er will eine Reform, allerdings „in Kooperation statt Konfrontation". Blauäugig nennen das politische Gegner, wenn sie ihm einigermaßen wohlgesonnen sind, schädlich für das Landesinteresse jene, die lieber zuspitzen. Wenn er gut drauf ist, gelassen wie meistens, perlt beides an ihm ab. Wenn nicht, kommt er in Rage und kann sich nur mühsam wieder zügeln.

Die Grünen haben im Lauf der Jahre mehrere Finanzausgleichsmodelle entwickelt. Ein international hoch gelobtes orientiert sich an einem System, das in Österreich praktiziert wird: Ein bestimmtes Jahr wird zum Basisjahr erklärt und das Geben und Nehmen in diesem Jahr festgeschrieben. Alle Einnahmen in der Folgezeit, die über diesen Rahmen hinausgehen, bleiben dem jeweiligen Land, egal ob reich oder arm – bis sich die Schere der Ungleichheit so weit geöffnet hat, dass wiederum ein Basisjahr festgesetzt und neu verhandelt wird. Im Januar legte die Fraktion ein weiteres Konzept auf den Tisch – im Bewusstsein, dass künftige Regierungspolitik daran gemessen werden könnte. Es setzt bei der Umverteilung der Mehrwertsteuer an. Kretschmann hat es sich zu eigen gemacht und über die Grenzen von Geber- und Nehmerländern hinweg Mitstreiter gesucht. Die Grünen in Bayern und Hessen, in Sachsen und Nordrhein-Westfalen wollen mitmachen.

Ein Reformmotor der anderen, der neuen Art soll gestartet werden. „Fairness und Gerechtigkeit" verspricht Kretschmann. Wenn er sich durchsetzt, kommt das und vieles andere in einer dritten Föderalismuskommission auf den Tisch. Dort sollen Bund und Länder neue Regelungen zum Ausgleich der Finanzen und damit zur Angleichung der unterschiedlichen Lebensverhältnisse in der ganzen Republik auf den Weg bringen. Und für noch eine wegweisende Idee werben Kretschmann und sein Finanzminister Nils Schmid: dass die Bundesländer eigene Steuerrechte bekommen. „Ein bissle Kanada", sagt der Sozialdemokrat, würde Deutschland guttun. In Mainz und in Hannover, in Kiel, Saarbücken, Erfurt oder Rostock könnte dann zum Beispiel darüber entschieden werden, ob die jeweilige Landesregierung Menschen mit großen Privatvermögen zur Bewältigung der Gemeinschaftsausgaben heranzieht.

Wieder zahlt sich aus, dass die Grünen so lange und so intensiv und detailliert Sachkunde erworben haben. Über viele Jahre ist Oppositionsarbeit eher selten in konkrete landespolitische Entscheidungen eingeflossen, weil naturgemäß die Regierenden oft andere Ziele verfolgten. Dennoch sind zehntausende Anfragen geschrieben, tausende Anhörungen veranstaltet worden. In

Gesetzentwürfen und Gutachten stecken ungezählte Arbeitsstunden. Das Parlament und vor allem kleinere Oppositionsfraktionen, deren Abgeordnete zwangsläufig mehr Themenbereiche abdecken müssen, sind sehr spezielle Fortbildungseinrichtungen. Auch wenn das, was da gelehrt und gelernt wird, außerhalb des Hohen Hauses so gut wie nie gewürdigt wird – und zuweilen nicht einmal drinnen. Da trifft eine langgediente parlamentarische Beraterin aus Kretschmanns Fraktion ein paar Tage nach dem Wahlerfolg einen ebenfalls langjährigen CDU-Berater, und der tröstet sich über die Wahlniederlage ein ganz kleines bisschen mit der schadenfrohen Vorstellung hinweg, die frühere Opposition werde jetzt endlich mehr zu tun bekommen, als gelegentlich mal den einen oder anderen Antrag zu schreiben: „Jetzt müsst ihr *Gesetze* formulieren." Die Grüne ist fassungslos. Ihre Fraktion hat allein in der vergangenen Legislaturperiode mehr als hundert Gesetzentwürfe vorgelegt.

Andernorts dienen Oppositionszeiten zur Vorbereitung auf die Regierungsübernahme. Wo Wechsel die Regel ist oder zumindest immer wieder vorkam in der Nachkriegsgeschichte, da schaut dem Abgeordneten einer Regierungsfraktion beim Blick in den Spiegel immer auch der Oppositionspolitiker von morgen entgegen. Wer hingegen Württemberger oder Badener oder Kurpfälzer und in der CDU ist, sah in sich immer nur den Wahlkreiskaiser, einen künftigen Staatssekretär oder gar Minister, auf jeden Fall aber den Sieger. Wer die Macht nie verliert, ist in der Hybris sozialisiert. Wer sie nie bekommt – in Baden-Württemberg dauerte das mehr als 21 000 Tage –, gerät in die Gefahr, zu resignieren und zu verzweifeln.

Über viele Sozialdemokraten ist die baden-württembergische Geschichte hinweggegangen, und viele namhafte
Grüne hat es aus dem Stuttgarter Landtag zunächst nach
Bonn und dann nach Berlin gezogen. Kretschmann
blieb. Er nimmt für sich in Anspruch, 30 Jahre konstruktive Oppositionsarbeit geleistet und die Augen immer
offen gehalten zu haben. „Wir haben viel von Ihnen gelernt", sagt er nach dem Triumph in einer Diskussions-
runde mit Lothar Späth, „wir sind durch eine harte
Schule gegangen." Jetzt ist die Schulzeit zu Ende. „Am
jeda Hasa", sagt der Schwabe, wenn er oberschwäbisch
spricht, „geit Gott sei Wasa."

14 Ein Philosoph wird Präsident
Gefahren und Mühen der grün-roten Ebene

„Und jedem Anfang wohnt ein Zauber inne ... Nur
wer bereit zu Aufbruch ist und Reise, mag lähmender Ge-
wöhnung sich entraffen." Das Gedicht des Württember-
gers Hermann Hesse – seine Geburtsstadt Calw, Maul-
bronn, Bad Boll, Tübingen, Cannstatt, Esslingen und
Gaienhofen am Bodensee zählen zu seinen vielen Lebens-
stationen – hat keinerlei politischen Hintergrund. Und
gewiss ist derart gründelnde Lyrik schwerlich geeignet
als Kommentar zu so etwas Profanem wie einem Regierungswechsel. Jedoch ist da eine Verlockung, solche Zei-
len dienstbar zu machen nach jenem fast wundersamen
Umbruch in diesem Bundesland: als enthielten sie einen
Tadel der Selbstverständlichkeit, mit der insbesondere die
Union es als das ihre ansah. Schon in dem Slogan von der
„Baden-Württemberg-Partei" CDU kam diese Denkweise
zum Ausdruck. Jedenfalls ist das Staunen, mal leise, mal
vernehmlicher, auch Wochen nach dem 27. März 2011 al-
lenthalben noch groß im Land. So manchem CDU-Wür-
denträger fällt es weiterhin schwer zu glauben, dass Baden-Württemberg verloren ist. Dabei kam die Union
angesichts so vieler widriger Umstände – von Stuttgart
21 bis Fukushima – an diesem historischen Wahltag mit
einem Minus von fünf Prozent eigentlich noch recht
glimpflich davon. Andere langjährige Regierungsparteien
hat es in diesen Zeiten eines Wählerverhaltens, welches
„volatil" (= fliegend, flüchtig, instabil) zu nennen Mode

geworden ist, noch weit ärger gebeutelt. Zudem wäre die Macht erhalten geblieben, hätte die FDP in ihrem vielfach beschworenen Stammland nicht derart geschwächelt, dass sie beinahe an der Fünf-Prozent-Hürde hängen geblieben wäre. Einzelne Wahlergebnisse verbreiten dennoch Angst und Schrecken in den Reihen der christlichen Demokraten. Von ferne lassen sie die Umrisse einer dritten Volkspartei aufleuchten; als ob die SPD, jedenfalls im Bund oder in größeren Städten des Südweststaats, nicht schon lästig genug wäre. In Stuttgart haben die Grünen jetzt drei von vier Direktmandaten inne. Oder, fast ein Menetekel: Der Stadtteil Vauban in Freiburg war zwar schon immer eine Hochburg der Grünen, aber wenn sie dort mittlerweile auf unglaubliche 73 Prozent kommen und die CDU auf nicht mal vier, dann heißt es jedenfalls aus Sicht der Union im früher gern so genannten „Ländle" auf andere Weise schwarz sehen als bisher.

In politischen Leitartikeln und Feuilletons war beim Blick auf das spektakuläre Ergebnis dieser Landtagswahl oft von einer Zeitenwende die Rede. Was verbirgt sich hinter dem wohlfeilen Begriff? Wohl zunächst mehr etwas, das dem Bereich des Mentalen entstammt, des Atmosphärischen und Gefühlten, als dem der harten politischen Fakten. Das Land muss sich überhaupt daran gewöhnen, dass ein Grüner in der Villa Reitzenstein und auf der Regierungsbank des Landtags sitzt. Auf eben jenem Platz, der seit fast sechs Jahrzehnten immer nur Christdemokraten reserviert war, als wäre das ein Naturgesetz: Gebhard Müller, Kurt-Georg Kiesinger, Hans Filbinger, Lothar Späth, Erwin Teufel, Günther Oettinger und zuletzt der Unglücksrabe Stefan Mappus.

Nun also Winfried Kretschmann. Der hat unter anderem eine Revolutionierung der politischen Kultur versprochen: Vernünftige Ideen und Vorschläge aus der Opposition sollen nicht mehr abgetan, sondern aufgenommen werden. Daran wird er sich messen lassen müssen. Überhaupt täten er und die Seinen gut daran, jeglichen Überschwang zu meiden, trotz aller begreiflichen Genugtuung sich auch in Demut zu üben und keinen Illusionen über ihren Rückhalt in der Bevölkerung zu erliegen. Die Partei feiert gerade ihr achttausendstes Mitglied in einem fast elf Millionen Einwohner zählenden Land. Ein anderer nüchterner Blick auf die Zahlen und ein kurzer rechnerischer Vergleich sind aufschlussreich: Es gab Wahlen in Deutschland, bei denen Konrad Adenauer oder Hans Filbinger Regierungschefs wurden, nachdem etwa die Hälfte der Wählerschaft sich für ihre Partei entschieden hatte. Kretschmann wurde Regierungschef, nachdem von sechs Wahlberechtigten sich ein einziger für seine Partei entschieden hatte! Die Gründe für diese Verschiebung der Verhältnisse sind die aufgefächerte Parteienlandschaft und eine deutlich gesunkene Wahlbeteiligung. Es wird verdammt hart, um eine Anleihe bei der PR-Abteilung eines bekannten Discounters zu nehmen, im nächsten halben Jahrzehnt so gut zu sein, dass dieser eine von sechs bei der grünen Stange bleibt. Ganz zu schweigen von den Aussichten, Geländegewinne zu erzielen bei den fünf anderen.

Rosige Zeiten kommen also nicht zu auf die Grünen. Arbeiter und Facharbeiter sind nach wie vor kulturell weit weg von ihnen; die Wähleranalysen zeigen, dass die Partei bei Menschen mit einfachen Bildungsabschlüssen weit unterdurchschnittlich abschneidet. Eine übrigens ganz ähnliche motivierte Distanz hält sich bei vielen Leuten aus der Wirtschaft, einschließlich jener Beschäftigter, die sich die robust-merkantile Sichtweise von Chefs und Managern auf das, worauf es angeblich ankommt in Gesellschaft und Ökonomie, zu eigen machen. Hier gelten selbst die heutigen Grünen noch immer und allzu oft als Fortschritts- und Technikfeinde, als Bremser und Autokiller. „Muss Porsche jetzt Treträder bauen?" – diese Schlagzeile in dem Blatt mit den großen Buchstaben und der kaum kleineren Begabung als Stimmungskanone spricht wenige Tage nach der Landtagswahl so manchen von Kretschmanns Landsleuten aus der Seele. Funktionäre von Wirtschaftsverbänden ließen sich mit Begriffen wie „mittelschwere Katastrophe" als Kommentar zum Wahlausgang vernehmen und äußerten die Befürchtung, die Abwahl von Schwarz-Gelb werde dem Standort Baden-Württemberg schlecht bekommen.

Im Sinne der Demokratie äußerst verdienstvoll ist, dass die Grünen bei dieser Landtagswahl des Jahres 2011 eine Viertelmillion Wählerinnen und Wähler aus dem Lager der Nichtwähler für sich eingenommen und zum Urnengang animiert haben. Das sind immerhin etwa so viele, wie sie insgesamt von CDU, SPD und FDP zu sich herüberholten. Gewiss ist dieser Winfried Kretschmann eine Figur, die Stammwähler zu mobilisieren und an sich zu binden weiß. Und die von vielen anderen in diesem Bundesland, die beispielsweise einen Jürgen Trittin nie und nimmer akzeptiert hätten, immerhin für wählbar gehalten wird, auch dann, wenn sie selbst anders votieren. Dass aber vornehmlich er es war, der diese mehrheitlich Unpolitischen in Bewegung setzte, ist einigermaßen unwahrscheinlich. Wie also verhalten sich jene grünen Erst- oder Neuwähler? Traten sie allein wegen Fukushima aus ihrer staatsbürgerlichen Abstinenz heraus? Oder bloß, weil sie dabei sein wollten, wenn Baden-Württemberg eine bundesweit beachtete Sensation schafft? Auch dass viele Stefan Mappus nicht leiden können, der mit seiner Statur und seinem rabiaten Politikstil Jüngere verstörte und bei Älteren Erinnerungen an Franz Josef Strauß wachrief, bietet kein solides Fundament, auf dem sich eine Grün-Wählerschaft im 25-Prozent-Bereich stabilisieren lässt.

Elmar Braun, Kretschmanns frommer Freund aus Maselheim, dem vor genau 20 Jahren auch eine Premiere geglückt war, als er als erster Grüner in der Geschichte der Bundesrepublik zum Bürgermeister gewählt wurde, ist einerseits sehr optimistisch: „Der Winfried, der kann's." Er hält große Stücke auf ihn, schätzt an dem um sieben Jahre Älteren vor allem dessen Gelassenheit und Lebenserfahrung: „Der hat schon so viel erlebt und überlebt." Wie die meisten, die ihn näher kennen, hält er speziell den Eitelkeitsfaktor bei ihm für bemerkenswert klein, jedenfalls bei Berücksichtigung seiner Berufsgruppe – „und ein bisschen eitel muss man sein, sonst ist das nicht auszuhalten".

Ansonsten aber ist Braun alles andere als optimistisch für die Partei. Und hält es sogar für möglich, dass sie in zwei Jahren dort steht, wo sich im April 2011 die FDP befindet, nämlich bundesweit bei fünf Prozent und noch darunter. Die Begründung des kommunalpolitischen Profis: Es wird endlos Unmut abgeladen werden bei dieser Regierung, die womöglich doch nicht so ganz zu der „Tiefengrammatik" des Landes passt, um einen Begriff des Ministerpräsidenten zu verwenden. Bisher beispielsweise, so Braun, hielten sich viele Bürgermeister zurück mit Kritik an der regierenden CDU in Stuttgart, wenn etwas tatsächlich oder auch nur vermeintlich schief lief. Schließlich kamen sie, ob als Christdemokraten oder als Freie Wähler, aus demselben bürgerlichen Lager und empfanden so etwas wie Loyalität mit ihrer Landesregierung. Braun hat einen bösen Traum: Wie demnächst die Schultes zwischen Wertheim und Meersburg anklagend auf Grün-Rot in der Landeshauptstadt zeigen, sobald es rumort bei den Leuten.

Es gibt da diese Handvoll Großprojekte, die den grünen Regenten und ihrem grauhaarigen Leitwolf in den nächsten Monaten und Jahren reichlich Probleme einbrocken werden. Da ist zunächst Stuttgart 21. Nicht wenige Sozialdemokraten würden ein Scheitern des Vorhabens als schweren Schaden für das Land betrachten und als persönliche Niederlage. Bei den Koalitionsverhandlungen wurde das sehr unterschiedliche Herangehen öfters spürbar. Die Vorstellung, dass das höchst zweifelhafte Projekt alle Hürden nimmt und von der neuen Landesregierung umgesetzt werden muss, womöglich mit Polizeieinsätzen im Schlossgarten und anderswo, bereitet grünen Entscheidungsträgern längst unruhige Nächte. Sanfte Träume verschaffen aber auch nicht die Variante des Scheiterns im Stresstest oder andere Szenarien des Ausstiegs. In diesem Fall drohen

Schadensersatzforderungen in Milliardenhöhe, die bei Steuerzahlern und speziell den Anhängern des Tiefbahnhofs beträchtlichen Unwillen erzeugen werden. Und gleichgültig, was geschieht: Koalitionsinterner Krach kommt so oder so. Und wirklich gefährlich kann es für Kretschmann und erneut für den gesellschaftlichen Frieden werden, wenn die Wut der wirklichen Wutbürger – das sind nicht, die der „Spiegel" gemeint hat in einem überschätzten Essay – sich gegen die Partei wendet und ihren ersten Mann, die sie gewählt haben in der Erwartung, dass sie den Tiefbahnhof und das Abholzen der Schlossgartenbäume verhindern.

Überdies muss und will diese Landesregierung sparen. Die Bürger und Bürgerinnen werden Kürzungen zu spüren bekommen. Eine der Gefahren für den Koalitionsfrieden liegt im Umgang mit Antworten auf die Frage, wie wichtig das Soziale sein soll. Kretschmann wird es nicht außer Acht lassen. Das, sagt er, habe er erst lernen müssen, weil sonst die Menschen sich zu fürchten lernen vor den Folgen des ökologischen Umbaus. Seine Leidenschaft ist dieses Thema nach wie vor nicht. Eher beschäftigt ihn die Idee, dass begrenzte Mittel Phantasie und Innovationsbereitschaft von Menschen beflügeln – und so am Ende mehr Wohlfahrt entsteht als durch das, was er für eine überholte linke Umverteilungspolitik hält.

Für den Grünen an der Spitze ist die Ökologie „ein Jahrhundertgedanke", der die langen Linien für heutiges Regieren liefert; für Sozialdemokraten sind traditionell der Arbeitsmarkt, ordentliche Wachstumsraten oder die Nöte von sozial Schwachen im Zweifelsfall vorrangig.

Wenn Kretschmann als das Grundanliegen seiner Politik das Bemühen nennt, „das Verhältnis von Staat, Markt und Bürgergesellschaft neu zu justieren", dann wird das nicht wenige beeindrucken; andere werden sich achselzuckend abwenden.

Und man wird gespannt sein dürfen, ob seine ökologischen Ideale – Erhalt der Lebensgrundlagen, Bewahren der Schöpfung – vorwiegend das volkserzieherische Potenzial des an die Macht gekommenen Ethiklehrers Kretschmann freisetzen, oder ob er und sein Wirtschaftsminister auch einmal einen Konflikt riskieren mit den Daimlers, Porsches und Boschs. Ob er im Kreise deutscher Regierungschefs dafür wirbt, afrikanische Flüchtlinge aus Lampedusa aufzunehmen. Oder, durchaus in Übereinstimmung mit Kretschmanns Skepsis gegenüber prinzipiellem Pazifismus, ob die Waffenfirmen aus Oberndorf am Neckar vom Regierungswechsel im nahen Stuttgart mehr mitbekommen werden, als ihre Manager davon in der Zeitung lesen. Schließlich wird seit Jahrzehnten hingenommen, dass unzählige Schießgeräte aus heimischer Produktion weltweit in die falschen Hände gelangen und Tod und Not verbreiten.

Auf die Regierung Kretschmann warten also Herausforderungen und Risiken in beträchtlicher Zahl und Größenordnung. Zu denen, die unvermeidlich von außen kommen, werden sich solche von innen gesellen. Die Koalitionsverhandlungen haben in Teilen – besonders ausgeprägt beim Knackpunkt Stuttgart 21 – einen Vorgeschmack darauf gegeben, was gegenseitiges Misstrauen und ängstliches Schielen auf den vermeintlichen jeweils eigenen Vorteil anrichten. Wird das nicht anders im Regierungsalltag, werden die Weichen in Richtung Misserfolg gestellt. Die einzige Chance für nachhaltigen Erfolg liegt in dem Willen, bei allen gegenwärtigen Meinungsverschiedenheiten und trotz aller Verletzungen aus Oppositionszeiten, gemeinsam ein relevantes Projekt zu verfolgen: Demokratie und Ökonomie, Bildungssystem, Energieversorgung und Infrastruktur haben erheblichen Ertüchtigungsbedarf. Gelingt es nicht, sich hinter dieses Projekt zu scharen und diese Botschaft nach außen zu vermitteln, ohne den Mund zu voll zu nehmen, dürften sich die Fliehkräfte in und vor allem zwischen den Koalitionspartnern bald als zu stark erweisen. Erhard Eppler, Vordenker der Ökologie, wollte seinerzeit den Einzug der Grünen in die Parlamente verhindern, in der Überzeugung, die große Idee nachhaltigen Wirtschaftens sei besser aufgehoben bei einer großen Partei. Dann wurde er anderen Sinnes – und für beide zum Mahner. Sozialdemokraten und Grüne könnten einander brauchen, könnten voneinander lernen, sie ergänzten sich, sagte er 1998. Und fügte hinzu: Wenn zwei Parteien miteinander regieren wollten, dann sollten sie sich nicht madig machen. Eppler, auf dessen Schultern Winfried Kretschmann und viele andere stehen, hatte damals, im Vorfeld des ersten rot-grünen Wahlsiegs, mit seinem Appell die beiden Bundesparteien im Visier. Dreizehn Jahre später sind die Adressaten andere, nämlich Landespolitiker in einem der wichtigsten deutschen Bundesländer. Und Regierungschef, daran hat manch Roter schwer zu schlucken, wird ein Grüner; zu allem Überfluss auch noch der aus Laiz. „Ein Philosoph wird Präsident", sagt ein namhafter Grüner im fernen

Berlin. Gefragt sind jetzt des Philosophen Weisheit, Führungskraft und Entscheidungsfreude.

Fazit: Der 12. Mai 2011, an dem Winfried Kretschmann zum ersten grünen Regierungschef dieser Republik gewählt werden soll – dieses Buch ist vorher geschrieben und gedruckt worden, was angesichts der knappen Mehrheitsverhältnisse im Stuttgarter Landtag einigen Wagemut abverlangte –, wird ein erstaunlicher Tag sein. Ein Zauber wird ihm innewohnen. Wegen der vielen sachlichen Probleme und der kulturellen Differenzen zwischen Grünen und Roten – die SPD hat am Ende sogar noch ein aufgeblähtes Kabinett durchgedrückt – wird er verfliegen, früher oder später. Immerhin aber haben es die Menschen in diesem Land mit einem an der Spitze zu tun, der integer ist, klug und weit mehr auf das Wohl des Gemeinwesens bedacht als auf das eigene. Und das ist in diesen Zeiten der grassierenden Politikerverdrossenheit sehr viel.

Wir bedanken uns beim Informationsdienst des Landtags und dem Haus der Architekten für die Unterstützung.